Heide Platen

Mensch, Tier!

von Bestien, Biestern
und Kuscheltieren

Heide Platen

Mensch, Tier!

von Bestien, Biestern
und Kuscheltieren

S. Hirzel Verlag Stuttgart • Leipzig 2002

Die meisten der in diesem Band veröffentlichten Tierreportagen sind in den letzten zehn Jahren in der Berliner *tageszeitung* erschienen. Der Beitrag über die Quallen ist zuerst in der Zeitschrift *natur* 11/92 veröffentlicht worden.

Die Deutsche Bibliothek – CIP Einheitsaufnahme
Platen, Heide:
Mensch, Tier! : von Bestien, Biestern und Kuscheltieren / Heide Platen. -
Stuttgart ; Leipzig : Hirzel, 2002
ISBN 3-7776-1185-9

Birkenwaldstraße 44, 70191 Stuttgart
Printed in Germany
Einbandgestaltung: deblik, Berlin
Druck und Bindung: Kösel, Kempten

Vorwort

Falsch war das damals sicher nicht. Und geändert hat es sich bis heute auch nicht. Heiner Simon, damals bärbeißiger Chefredakteur der *Wolfsburger Allgemeinen Zeitung*, hämmerte es seinen jungen Volontären während der ersten Arbeitstage ein: „Menschen und Tiere kommen immer gut!" „Und", sagte er dann noch etwas von oben herab: „Merke dir eines, Mädchen. Das interessanteste Tier für den Menschen ist der Mensch." Er selbst beherzigte den ersten Teil seiner Regel alljährlich zu festen Terminen. Zum Winterbeginn erschien unabänderlich ein Foto mit einem Vogelhäuschen auf der ersten Lokalseite. Auch der Text wiederholte sich alle Jahre wieder als allzu menschliche Gratwanderung unterhalb der Grenze zwischen Mensch, Tier und gutem Geschmack: „Seid gut zu Vögeln!" Die Silvesterausgabe war weniger anzüglich: kleine, rosa Ferkel mussten es sein. Oder wenigstens freundlich blickende Schweine. Für deren Konterfeis scheuchte er die Fotografin, was den Lesern natürlich verborgen bleiben musste, ausgerechnet in den Schlachthof. Den Rest des Jahres hielt er sich mehr an die Menschen. Tiere kamen in der Berichterstattung aus der Autostadt am Mittellandkanal in den 60er-Jahren selten vor. Tier- und Naturfreunde galten als eigenbrötlerische Spinner. Einzig die Jagd war gesellschaftlich anerkannt und wurde romantisch verklärt.

Nein, weit her war es noch nicht mit der Tierliebe der Bundesdeutschen in den 50er- und 60er-Jahren. Sie war, mit wachsendem Wohlstand in der Nachkriegszeit, zuerst einmal auf den Hund gekommen. Der Menschen bester Freund mutierte immer mehr vom Gebrauchs- zum Schoß- und Spieltier, Pudelsalons wurden ebenso zum Symbol des Wirtschaftswunderlandes wie zum Markenzeichen der Edelprostituierten. Während den auf Zwergenform heruntergezüchteten Mini-Kreaturen die weißen oder schwarzen Locken geföhnt und die Nägel lackiert wurden und die Zwergdackel Mäntelchen bekamen, hielten sich in den Regenbogenblättern – fast anachronistisch – noch immer die wundersamen Geschichten und modernen Märchen vom Gebrauchswert des Hundes. Tapfere Bernhardiner retteten verschüttete Lawinenopfer, Schäferhunde zogen Kinder aus dem reißenden Fluss, treue Terrier fanden ihre umgezogene Familie auf blutenden Pfoten über hunderte von Kilometern hinweg wieder. Der Hund war, zumindest in den Illustrierten und Wochenzeitungen, nicht nur des Deutschen liebstes Tier, sondern eigentlich der bessere Mensch. In den Zirkussen fuhren die Schimpansen Fahrrad und die Kängurus lieferten sich Boxkämpfe. Das „Lustige Tierfoto" gehörte zum festen Bestandteil der Zeitungen.

Kein Platz damals für meine Tiergeschichten. Dabei hatte diese Affinität zu den Wundern der Natur, das Staunen über die unterschiedlichen und so vielfältigen kleinen und großen Lebensformen, viel früher angefangen. Eines der ersten Tierbücher, das ich als Kind geschenkt bekam, hieß *Formica, die Emsenkönigin*. Seither beobachtete ich Ameisen, bewunderte sie ausgiebig, wie sie – ganz wie im Buch – zielstrebig ihrer Wege zogen, unermüdlich ein Mehrfaches ihres eigenen Gewichtes schleppten und nach jeder Zerstörung ihres Baus – Ergebnis kindlicher Experimentierfreude – sofort mit den Reparaturarbeiten begannen. Der nächste Schritt führte weiter in die Praxis und wurde ein gescheitertes Projekt: die Vogelbeobachtung. „Du spinnst", sagten all meine Schulfreundinnen, als ich sie für die Beobachtung und Zählung von Buchfinken, Kernbeißern und Kleibern einspannen wollte. Einige machten ein paar Tage lang mit, saßen still hinter Hecken, notierten und zeichneten in Schulheften, langweilten sich dann aber schnell und machten sich entnervt aus dem Staub. Ich fütterte in Schuhkartons eingesperrte Mai- und Marienkäfer oder Teichschnecken im Einweckglas, bekam statt eines Hundes *Brehms Tierleben* geschenkt und beschränkte mich für lange Jahre wieder auf das Lesen.

Dass es ausgerechnet die Katastrophe im 3000 Kilometer entfernten Atomkraftwerk von Tschernobyl im Jahr 1986 war, die mich dazu brachte, meine ersten Tiergeschichten zu schreiben, verdankte ich meinem Lebensgefährten und meiner besonders schlechten Laune. Der Mai war sonnig und wunderschön, Tschernobyl aber strahlte: Man sieht es nicht, man riecht es nicht, man schmeckt es nicht. Unsere langen Wanderungen in der Umgebung von Frankfurt waren mir verleidet. Die üppig wuchernde Natur schien mir auf einmal unheimlich. Bei Regen deckten wir die Köpfe ab und hielten unsere Hände über die Eistüten, als ziele der Fallout direkt auf unsere Schokoladen- und Vanillebällchen. Die Kleingärten gediehen prächtig. Waren die Salatköpfe nicht besonders groß? Unnatürlich groß? Wucherten die Blätter der Büsche und Bäume nicht in beängstigender Geschwindigkeit zu Riesenformen heran? Ich fiel der allgemeinen Hysterie anheim und hortete Lebensmittel mit dem Herstellungsdatum „vor Tschernobyl". Der samstägliche Bummel über den Wochenmarkt mit all seinen Ständen voller Erdbeeren und Kirschen war mir vergällt, frischer Salat, Pilze, Obst und Gemüse wurden rigoros vom Speisenplan gestrichen.

Das alles scherte zwar mich, nicht aber den Wirt einer griechischen Gaststätte im Frankfurter Nordend, der unbekümmert weiter prächtige Salatteller zum Lammfleisch servierte. An einem Sommerabend starrte ich besonders trübsinnig auf die unerwünschte Beilage. Nur keine Depression aufkommen lassen, mag sich mein Lebensgefährte da gedacht haben und erzählte aufmunternd gemeinte Geschichten. Ob ich schon einmal von dem Nacktmull gehört hätte? Hatte ich nicht. Er, sagte er, habe in einer Ausgabe der Zeitschrift *Geo* gerade ein merkwürdiges Tier gesehen. Es sei erst vor kurzem entdeckt worden, sei nackt und blind, habe ein Puschelschwänzchen, lebe in Staaten unter der Erde mit einer Königin wie die Insekten und könne vorwärts und rückwärts laufen. „Das", sagte ich, „hast du dir gerade ausgedacht!" Einige Tage später lagen der kleine Artikel und die Bilder auf meinem Schreibtisch: unscharf, wie ein glatt rasierter Hamster mit riesigen Nagezähnen. Das Tier gibt es nicht, dachte ich mir, da haben sich die Kollegen von *Geo* einen Scherz erlaubt. Oder, noch besser: Sollten sie selbst auf einen Fake hereingefallen sein? Was zu beweisen war. Die nachfolgende Recherche endete mit meiner ersten Tiergeschichte, einer stillen Abbitte für den Verdacht gegen *Geo* und der Erkenntnis, dass es auf dieser Welt immer wieder viel mehr zum Staunen gibt, als man gemeinhin denkt.

Inhalt

Vorwort 5

Was ist ein Tier? 11

Besuch bei den Säugetieren mit der Königin 15
Im Staat der Mulle wird sich angepasst 20
Der Magnetismus und die Mulle 24

Die Evolution 29
Urpferdchen und Ameisenbär 32
Der Erfolg der Wespe 35

Wer oder was ist ein Haustier? 43
In der Erde pocht ein Rentierherz 44
„Höhö“ lockt der Bock 49
Das Schaf der Königin mit dem Nofretetekopf 53
Göttervogel, Schnatterlieschen 61

Opportunisten – der Mensch zwischen Faszination und Grauen 67
Von handteller- bis dackelgroß 70
Subversives Element in deutschen Wäldern 74
Hühner-, Brief- und Automarder 79
Papageien! Kreisch! 84

Die gute Natur 91
Löwenschwemmen und Bärengreise 95
Das Tierelend im Kinderzimmer 101
Pfötchengeben im Zeitalter des Wassermanns 103
Manche Fische riechen besonders gut 107
Das gelbe Auge des Diskusfisches 111

Naturräume und Wildnis 117
Auf leisen Pfoten zurück ins Revier 120
Die Ise und die Aktion Otterschutz 125
Dieser Vogel darf nicht sterben 131
Das Steinhuhn – Vogel mit haarigen Füßen 136
Promisker Sturkopp 141
Quakender Rosengeist 146
Wahre Anpassungskünstlerinnen 151

Ekeltiere 157
Wenn die Ameisen vor Wut zerplatzen 160
Viel Bein, wenig Hirn 163
Quallen – wundersame Wesen in den Weiten der Meere 168

Literatur 176

Was ist ein Tier?

Die lexikalische Definition des Begriffes Tier ist schlicht: „indogermanisches Stammwort, Grundbedeutung ‚atmendes Wesen'". Tiere seien all jene Wesen, „die organischer Nahrung" bedürfen – vom mikroskopisch kleinen Einzeller bis zum 30 Meter langen Blauwal. Sie fressen und verdauen auf die unterschiedlichste Weise. Ihre Zahl ist groß. 1,1 Millionen Arten soll es geben, die größte Gruppe sind die Insekten: mehr als 750 000 werden vermutet. Dazu 20 000 Fischarten, 9000 Vögel, 5900 Kriechtiere und etwa 4250 Säugetierarten. Auch heute noch wird hin und wieder ein bisher unbekanntes Säugetier entdeckt, winzige Affen auf Madagaskar und in Lateinamerika, ein kleiner Paarhufer in Vietnam. Die Insektenforschung und -bestimmung ist noch immer ein weites, unbekanntes Feld.

Der schwedische Naturforscher Carl von Linné hat die Vielfalt in der ersten Hälfte des 18. Jahrhunderts sortiert, als Erster in Familien nach Verwandtschaftsverhältnissen geordnet. Er gilt bis heute als Begründer der modernen Biologie.

Der Mensch nimmt sich gerne aus der Gesamtheit der Lebewesen aus, möchte ein Aliud, ein Anderes sein; ein Nicht-Tier? Der Mensch hat sich früh vom Tier geschieden, sucht aber seit eh und je einerseits ebenso das Gleiche im Animalischen, wie das Unterschiedene, um sich seiner selbst zu vergewissern.

Tiere waren Motiv der Steinzeitmenschen, Beschwörungsformel und Götterbild, Opfergabe und Projektionsfläche, menschengleich in den belehrenden Tierfabeln der Griechen. In den Köpfen der Menschen entstanden die Bestiarien der Fabelwesen, Drachen und Höllenhunde, löwenmähnige Sphinxe, Minotaurus, der Vogel Rock, Einhörner und Pegasusse. Erst in den mittelalterlichen Tierepen erhielten die Tiere in Europa ihren Symbolcharakter zugewiesen und wurden zu Moralaposteln. Sie bekamen Eigennamen und Eigenschaften aufgestempelt: der listige Reineke Fuchs, Isegrim, der böse Wolf, Grimbart, der mürrische Dachs, der edle Löwe

Nobel. Von Wissen über das tatsächliche Verhalten der Tiere war immer noch kaum eine Spur. Dass der Dachs kein notorischer Einzelgänger und dass das beliebte Wappentier, der männliche Löwe, in Wirklichkeit im Dienste der Arterhaltung ein Feigling und Faulpelz sein muss, war unbekannt. Dass Sympathie und Antipathie im Christentum sich auch diametral zur vorchristlichen Mythologie ausrichtete, hatte eher ideologische Gründe. Lämmer standen fortan für Reinheit, Sanftmut und Opferbereitschaft, Pelikane für auf opfernde, elterliche Liebe. Attribute konkurrierender Götter – wie die Wölfe – wurden zu verschlagenen Bestien, kluge Eulen zu Todesboten. Die Menschen machten sich die Tiere nach ihrem Bilde.

Damit wurden sie auch justitiabel. Mittelalterliche Tierprozesse setzten animalische Übeltäter den menschlichen gleich. So wurden Mäuse für den Schaden, den sie anrichteten, mit Verbannung bestraft. Esel und Schweine, die Menschen verletzt oder Sachschaden angerichtet hatten, mussten ebenfalls büßen. In der Neuzeit bis 1989 galten Tiere rechtlich als Sachen. Heutzutage ist der Tierschutz in 15 von 16 Bundesländern in der Verfassung festgeschrieben. Seit Mai 2002 sind sie auch durch das Grundgesetz geschützt. Nach jahrelangem Gerangel stimmten alle Bundestagsfraktionen einer Erweiterung des Artikels 20a um genau drei Wörter zu: „... und die Tiere". Komplett lautet der Verfassungsauftrag jetzt: „Der Staat schützt auch in Verantwortung für die künftigen Generationen die natürlichen Lebensgrundlagen und die Tiere im Rahmen der verfassungsmäßigen Ordnung durch die Gesetzgebung und nach Maßgabe von Gesetz und Recht durch die vollziehende Gewalt und die Rechtssprechung." Auch im Bundestierschutzgesetz von 1998 werden Tiere der Errungenschaften des Humanismus teilhaftig. Im Paragraph eins heißt es nun: „Zweck des Gesetzes ist es, aus der Verantwortung des Menschen für das Tier als Mitgeschöpf dessen Leben und Wohlbefinden zu schützen. Niemand darf einem Tier ohne vernünftigen Grund Schmerzen, Leiden oder Schäden zufügen."

Das spricht dem Menschen seine Verantwortung, dem Tier immerhin seine eigene Würde zu. Bei all dem aber ist, rein biologisch, ein qualitativer Unterschied zwischen Mensch und Tier so recht nicht auszumachen. Nur die Wertschätzungen unterscheiden sich. Mythen, von Menschen geschaffen, geben sich göttliche Qualität. Das teleologische Weltbild des jüdischen wie des christlichen Glaubens beruft sich auf die Schöpfungsgeschichte im Alten Testament: „Und Gott sprach: Lasset uns Menschen machen, ein Bild, das uns gleich sei, die da herrschen über die Fische im Meer und die Vögel unter dem Himmel und über das Vieh und über alle Tiere des Feldes und über alles Gewürm, das auf Erden kriecht." Dass dieses erste Menschenpaar fruchtbar sein, sich mehren und sich die Erde untertan machen solle, gab er ihnen ebenfalls mit auf den Weg. Daran hat sich die Spezies, nicht nur dieser beiden Glaubensbekenntnisse, bis heute unübersehbar gehalten. Die Ernährungsvorschläge des Schöpfers nehmen sich in der Genesis kärglich aus, „grünes Kraut" für die Tiere, Baumfrüchte für Mann und Männin. Auch nach der Vertreibung aus dem Paradies keine Fleischtöpfe, sondern „das Kraut auf dem Felde" und das Brot, verdient „im Schweiße deines Angesichts". Die Ausbeutung der Tiere ist nur angedeutet. Das Paar bekommt eine neue, göttliche Kleiderordnung, vom ersten, schamhaften Feigenblatt zur haarigen Tracht der Tierfelle.

Im übervölkerten Pantheon der Tiergötter und Dämonen des Hinduismus ist Rudra, der später Shiva, der Zerstörer, wird, der Herr der Tiere, ein zorniger und wilder Geselle. Die Körper aller Lebewesen, also auch die der Tiere, aber sind eine vorübergehende Erscheinung, die durch Seelenwanderung überwunden werden kann. Tieropfer gelten als den Göttern gefällig. Im gar nicht so sanften Buddhismus ist der Eigennutz anders gelagert. Tiere dürfen nicht getötet werden, weil sie auf der Stufenleiter zum Nirwana, dem erlösenden Ende aller Wiedergeburt, Aspiranten für den Aufstieg zum menschlichen Wesen sind. Ist dieser Seinszustand erst einmal erreicht, darf er nicht aufs Spiel gesetzt werden. Denn Tiere gelten nicht viel. Nur die Hölle ist schlimmer, denn nach der Wiedergeburt als Tier leben zu müssen. Wer aber anderen Wesen Schaden zufügt, wird selbst zurückgeworfen. Deshalb ist der Beruf des Metzgers dem guten Buddhisten zwar verboten, nicht aber der Verzehr von geschlachteten Tieren.

Tieren scheinen die Mythen der Menschen herzlich egal zu sein. Der Storch, Kinderbringer und Fruchtbarkeitssymbol, kann auch ganz anders. Der Vogel ist zum Angriff übergegangen. Im Sommer 2000 meldeten polnische Zeitungen, dass hunderte Störche in Tieffliegermanier über südpolnische Höfe und Häuser hergefallen seien, Frauen, Kinder und Kinderwagen attackiert hätten und nur mit Mühe und Not von mutigen Bäuerinnen mit Besen und Schaufeln hätten verjagt werden können. Die Störche stürzten sich auf die Küken von Hühnern, Enten, Gänsen. Möglicherweise seien die, vermuteten Ornithologen, das eigentliche Ziel ihrer Sturzflüge. Die Störche seien wegen anhaltender Dürre einfach hungrig gewesen. Warum sie auch Menschen angriffen, bleibt vorerst ungeklärt. Vielleicht, mutmaßte der Warschauer Korrespondent der *Frankfurter Rundschau*, haben die Tiere sowieso ihre guten Gründe: „Nach jahrhundertelangen schmerzhaften Erfahrungen mit Hochspannungsleitungen und abgebrannten Stoppelfeldern hat Adebar den Mensch als Irrtum der Evolution erkannt und beschlossen, den Rückwärtsgang einzuschalten. Was der Storch bringt, kann er auch wieder nehmen."

Besuch bei den Säugetieren mit der Königin

Das Tierreich ist wahrhaft groß und wundersam. Die renommierte Zeitschrift *Geo*, Nr. 6/86, Seite 178: In der Rubrik „Sozialbiologie“, unter der Überschrift „Nackt im Dienst des Staates“, stand ein kurzer Bericht über den „Nacktmull“. Dazu vier Fotos von ungewohnt dürftiger Qualität, eines immer unwahrscheinlicher als das andere. Ein Tier von bezaubernder Abstrusität blickte da nackt und faltig aus winzigen Stecknadelkopfaugen aus der Zeitungsseite. Am Ober- und Unterkiefer gegeneinander stehende Nagezähne, Pfoten wie ein Rattenembryo, am Hinterteil ein kleiner, nackter Schwanz. Solche Exemplare leben, so der Bericht, in Südafrika in Kolonien unter der Erde. Sie seien die einzigen bekannten Säugetiere, die sich in einem bisher nur von Insekten bekannten Staatswesen organisiert hätten, mit einer Königin und Arbeitern.

Der Text machte das Viech auch nicht glaubwürdiger und führte zu wochenlangen, vergeblichen Recherchen. So recht wusste keiner etwas über Nacktmulle. Hatte sich ein Zoologe einen Scherz erlaubt, ein Tier erfunden, fotomontiert und mit einer Legende versehen? Im Sommer 1987 stand fest: Es gibt den Nacktmull wirklich. Entdeckt wurde er erst in den 50er-Jahren. Das Tier ist ein Säuge- und Nagetier. Es ist ca. zehn Zentimeter lang, kommt niemals an die Erdoberfläche, lebt in Gängen und Nestern, ist blind und kann genau so schnell vorwärts wie rückwärts laufen, frisst Wurzeln und beginnt mit dem Verzehr immer an deren Spitze. Es lebt in einem Staatswesen mit einer Königin und deren Hofstaat, versorgt von den einfachen ArbeiterInnen. Aufstiegschancen hat nach dem Tod der Königin jedes weibliche Tier, die Erbfolge wird in heftigen Kämpfen der Weibchen untereinander ausgefochten.

Das Tier lebt in sechs Arten in Afrika, vor allem in Äthiopien, Kenia und Südafrika. Der Landstreifen, in dem es sich vermehrt, zieht sich pfeilgerade in südwestlicher Richtung durch Savannen und Wüsten. Der Gewährsmann dafür, der Zoologe Professor Burda, wohnte fast vor meiner Haustür. Im Zoologischen Institut der Frankfurter Universität stellte er mir seine Pfleglinge vor: Die Graumulle sind nahe Verwandte der Nacktmulle, ihnen „fast wie aus dem Gesicht geschnitten“. Der Graumull unterscheidet sich von seinen bis auf ein paar Borsten splitternackten Verwandten nur durch einen weichen, kurzen Pelz. Ja, er kenne die Nacktmulle. Burda bestätigte einige der in *Geo* berichteten Fakten. Seine Graumulle aber, die er seit 1984 erforsche, seien „noch viel verrückter“.

Auch sie leben in Kolonien. Die ca. 30 Gramm schweren Tiere versorgen eine Königin und deren Hofstaat. Die Königin ist schwerer als ihre Untertanen. Sie wiegt 50 bis 55 Gramm, lebt an der tiefsten und sichersten Stelle im Erdbau und ist meist von einigen männlichen und weiblichen Gesellschaftern umgeben. Die Nahrung wird von den Arbeitstieren beiderlei Geschlechts angeliefert. Burda vermutete, dass die Königin die Akzeptanz ihrer dominanten Rolle durch das Aussenden bestimmter Duftstoffe herbeiführt. Andere Annahmen über die bisher kaum erforschten Tiere habe er nicht bestätigen können. Die Behauptung, dass sie sich, weil sie nicht sehen und nicht riechen können, an den Luftströmen in ihrem Gangsystem orientierten, sei „Quatsch“. Er habe lediglich bemerkt, dass seine Graumulle zurückzuckten, wenn er sie anpuste: „Das tue ich auch.“ Er sei inzwischen außerdem davon überzeugt, dass Mulle einen ausgeprägten Geruchssinn haben. Zudem hören sie im Bereich der tiefen Frequenzen gut und haben Tasthaare. „Aber eigentlich“, gestand auch er ein, wisse man „noch gar nicht genau, wie sie sich wirklich orientieren“.

Allerdings, nahm Burda seine Kollegen in Schutz, sei das verständlich. Er habe es leichter als die Nacktmull-Forschung. Die sei arg ins Hintertreffen geraten, weil der Gegenstand ihres Interesses schwer zu erreichen sei. Die Tiere kämen nur im Grenzgebiet zwischen Äthiopien, Somalia und Kenia vor, einem kaum zugänglichen Krisengebiet. Seine Graumulle dagegen gebe es in ganz Ost- und

Südafrika reichlich. Sie gelten als Schädlinge, weil sie – unsichtbar unter der Erde – Wurzeln und Zwiebeln anknabbern und deshalb als Nahrungskonkurrenten angesehen werden. Anfänglich hatten sich die Tiere in der Gefangenschaft außerdem nicht vermehrt. Burda aber war inzwischen aufgrund seiner Erkenntnisse eine beeindruckende Nachzucht gelungen. Die ersten Exemplare seiner Zucht hatte er sich aus Sambia mitgebracht, wo er Erdgänge und Nester untersucht hatte. Bei den Grabungen halfen ihm ortskundige Sammler, denen das Tier als Ernteschädling schon lange bekannt war. Ihr Interesse an den Nagern war jedoch ein ganz anderes als das des Forschers: „Mulle", sagt Professor Burda etwas verlegen, „sollen eben auch sehr gut schmecken."

Er erinnert sich, dass die südafrikanische Professorin Jarvis noch Anfang der 80er-Jahre in Kenia von vielen Mitarbeitern „ganze Gebiete zerwühlen" ließ, um eine Königin zu fangen. Damals galten die von der westlichen Wissenschaft neu entdeckten Tiere als Sensation und Kuriosität und zogen StudentInnen aus aller Welt an. Die Nachzucht jedoch misslang. Auch Burda bekam in Sambia keine Mull-Königin. Er fing nur Arbeiter verschiedener Völker ein, rund 20 bis 30 Stück. Er brachte sie dennoch nach Frankfurt – und hatte Erfolg. Er reduzierte die Stammesgruppen schlicht und einfach auf einzelne Paare und setzte sie in getrennte Käfige. So auf eine Kleinstgruppe reduziert, gaben die Tiere endlich Aufschluss über ihre Arterhaltung. Die Paare vermehrten sich trotz der einst im heimatlichen Bau angelegten Fortpflanzungshemmung. Was in größeren Gruppen bisher nie gelungen war, fand nun ständig statt: die Geburt kleiner Mulle und damit die Gründungsphase neuer Staaten.

Graumulle kommen nie freiwillig an die Erdoberfläche. Ihr Lebensraum sind die Halbwüsten und Savannen. Wasser benötigen sie in ihren Bauten nicht. Ihre weit verzweigten Gänge graben sie am liebsten in der kurzen Regenzeit. 15 bis 20 Tiere in einer Kolonie bringen es auf ein Röhrensystem von rund 100 Metern Länge. Sie leben in einem Verband mit sehr starken sozialen Bezügen. Sie graben und suchen ihr Futter in Gruppen, die ständig miteinander in Kontakt stehen und sich gegenseitig informieren, wenn sie fündig geworden sind.

Erdarbeiten erledigen sie im Teamwork wie am Fließband. Sie bilden eine Kette und scharren die Erde mit den Vorderpfoten unter ihren Bäuchen hindurch in Richtung Ausgang zum Hintermann. Dabei lösen sie sich ab. Die „Schlussleute" krabbeln auf dem Rücken ihrer Vorarbeiter wieder an den Anfang der Kette. Der Letzte ist ein „Spezialist", der die Erde ins Freie wirft. Er wird ebenfalls turnusmäßig abgelöst, wenn es ihm so nahe an der Oberfläche zu heiß wird. Die Tiere haben, so Burda, „nahezu keinen Thermoausgleich" und regeln ihre niedrige Körpertemperatur von 30 bis 32 Grad Celsius durch den Wechsel ihrer Aufenthaltsplätze im Bau. Wird es ihnen oben zu heiß, ziehen sie sich weiter nach unten zurück. Frieren sie, geht es wieder nach oben. Sie wärmen sich auch gegenseitig und liegen dann in dichten Knäueln zusammen.

Die Verdauung ihrer harten Pflanzennahrung regeln sie „wie die Kaninchen" durch zwei Darmausgänge. Der Kot wird durch den einen ausgeschieden, noch einmal gefressen und verdaut, damit optimal ausgenutzt, und durch den zweiten Darmausgang wieder ausgeschieden. Die Arbeiter verputzen auch gerne den Kot der Königin und ihrer „Nicht-Arbeiter". Dass sie sich auch auf besonderen Toiletten-Plätzen an festgelegten Stellen des Baus in ihren Ausscheidungen wälzen, dient dem Zusammenhalt der Kolonie, der Wiedererkennung am Stallgeruch. In diese Fäkaliengruben werden auch die Leichen gestorbener Tiere transportiert.

Allerdings wird bei den Mullen nicht so häufig gestorben wie bei anderen Nagern. Sie haben, sagt Burda, keine Krankheiten, keinen Parasitenbefall, unterirdisch keine natürlichen Feinde. Außerdem leben sie lange, können bis zu zehn Jahre alt werden. Und sie vermehren sich auch nicht „wie die Kaninchen". Die Geburtenrate ist reguliert. Nur die Königin bekommt nach einer Tragezeit von 80 Tagen einmal im Jahr Junge. Theoretisch könnte sie viermal im Jahr trächtig werden. Das aber tut sie nur, wenn die Kolonie durch Hungersnot oder Naturkatastrophen dezimiert worden ist. Die Jungen entwickeln sich langsam, sie brauchen ein

Jahr, bis sie ausgewachsen sind. Gelegentlich gerät die Stabilität der Population aus dem Gleichgewicht. Nicht nur in Notzeiten, sondern auch in guten Jahren kann es mehr Nachwuchs geben. Neben der Königin wird ein zweites Weibchen trächtig. Dies kann zu erbitterten Kämpfen zwischen den beiden Weibchen führen, die sich manchmal bis zum Tod bekämpfen.

Wenn die alte Königin stirbt, wird hart um deren Nachfolge gerungen. Meist sind es die Weibchen des „Hofstaates", die daran als designierte Nachfolgerinnen beteiligt sind. Aber auch die Arbeiterinnen haben ihre Chance. Ist die Siegerin als neue Königin akzeptiert, bekommen auch die männlichen Arbeiter die Gelegenheit, sie zu decken, allerdings nicht so häufig wie die Privilegierten aus ihrer Umgebung. Manchmal spaltet sich die Population. Da die Gruppe nicht oberirdisch aus dem Bau ausziehen kann, gräbt sie sich erst einen Gang senkrecht in die Tiefe, dann einen Abzweig seitwärts. Diese letzte Verbindungsröhre wird verstopft. Die neue Kolonie ist der alten fortan feindlich gesonnen. Auch auf fremde Tiere, die in den Bau eindringen, reagieren die Mulle sehr aggressiv.

Burda hält die Mulle für die am höchsten spezialisierten Nagetiere. Entwicklungsgeschichtlich gehören die Mulle zu den ältesten Säugetierarten. Wie sie systematisch einzuordnen sind, ist umstritten. Am nächsten verwandt sind sie, vor allem in ihrem Sexualverhalten, mit den neuweltlichen Stachelschweinen. Rätselhaft ist die Frage, ob beide Tierarten gemeinsame Vorfahren haben könnten. Auf der urzeitlichen Landbrücke zwischen Afrika und Amerika sind keine Funde gemacht worden, die auf eine solche Verwandtschaft schließen lassen. Überlegungen, ob Mullvorfahren von Afrika nach Lateinamerika über das Meer getrieben worden sein könnten, sind reine Hypothesen.

Die Mulle hätten sich wahrscheinlich „wegen des drastischen Klimas" zu ihrer energiesparenden Form entwickelt. Die nicht zur Fortpflanzung zugelassenen Tiere seien durch ihr geringes Körpergewicht „sparsamer" im Verbrauch. Der Nacktmull habe die Methode gegenüber dem Graumull möglicherweise noch etwas weiter entwickelt. Ausgewachsene Nacktmulle sehen jungen Graumullen zum Verwechseln ähnlich. Vielleicht sei dies eine Weiterentwicklung, die die frühkindliche Form beibehalte und dadurch noch effizienter sei.

Burda hat seine kleine Graumull-Kolonie in einem Nebengebäude des Zoologischen Instituts untergebracht. In dem Raum riecht es streng. In drei Glaskästen hocken sie in ihren Gängen unter Torfschichten. Ganz oben in der Hierarchie stehen Marlene und Inquisit nebst Jungen. Eins der Kleinen wird herausgehoben, sitzt auf meiner Hand. Es sieht frappierend komisch aus. Das Tier reckt die Nase hoch in die Luft und schnuppert und schnuppert, zeigt dabei die für den kleinen Kopf riesigen, bräunlichen, hauerähnlichen Nagezähne. Um die große Schweinsnase liegt eine rosa Hautfalte. Das Schwänzchen ist am Ende behaart wie eine Pusteblume. Und es kann rückwärts laufen, wenn man ihm die Hände unter den Pfoten nach hinten wegzieht. Winzige rosa Krallen flitzen über meine Handflächen. Das Tierchen uriniert und ich bin seitdem ein Mullfan.

Im Staat der Mulle wird sich angepasst

Cicuwe, Cicuwele und Cicuweline sind blind und deshalb ständig auf der Hut. Damit sie nicht angegriffen werden, müssen sie sich ständig gegenseitig beschwichtigen.

Weiße Flecken gibt es in Zeitungen selten. Mein im November 1987 erschienener, erster *taz*-Beitrag über die Mulle hatte einen. Die Foto-Redaktion und das Layout streikten und texteten in einem leeren Rechteck: „Von den Redakteuren mit Bildmaterial schmählich unterversorgt, empfiehlt die Layouterin den LeserInnen, den Nacktmull von Kindern malen zu lassen." Die Geschichte löste auch sonst heftige Reaktionen und Leserbrief-Diskussionen aus. Einige Schreiber waren sich sicher, dass alles erstunken und erlogen sei. Die Resonanz und das Interesse waren Grund genug, das Frankfurter Zoologische Institut und seine Graumulle im Sommer 1988 noch einmal zu besuchen.

Professor Burda hegte dort noch immer seine kleine Kolonie. Sie hatte sich prächtig weiter vermehrt. Im Käfig sitzen Inmar und Maine, die Kinder von Inquisit und Marlene. Nebenan tummeln sich die Nachkommen Cicuwe, Cicuwele und Cicuweline. Sie alle gehören der Art *Cryptomys hottentottus* an, sind Hottentotten-Graumulle. Nur, sie sehen einander bis auf die skurrile Erscheinungsform, die mit den großen Hauern in Ober- und Unterkiefer und den stecknadelspitzen winzigen Augenrudimenten eher einer Mischung aus Rattenembryo und Miniaturwalross erinnert, überhaupt nicht ähnlich. Ihre Felle sind unterschiedlich gefärbt von schwarz bis grau, braun, graubraun, rotbraun, goldbraun, ocker in allen Schattierungen, gefleckt oder einfarbig. Sie sind oft auch bei gleichem Alter unterschiedlich groß. Von ZoologInnen sind etwa 50 verschiedene Arten der Mulle beschrieben worden. Professor Burda nimmt inzwischen an, dass dies ein Irrtum ist, der durch die unterschiedlichst gefärbten Tiere entstand. Er fand alle Fellfarben in einer Population und stellte fest, dass die Tiere umso dominanter in der Hierarchie des Mull-Staatswesens sind, je heller sie gefärbt sind. Wie die blinden Tiere sich gegenseitig erkennen, ist bisher ungeklärt. Eventuell war die Farbe für die möglicherweise noch nicht blinden Vorfahren der Mulle wichtig. Auch die Demutsgesten, mit denen sich die Tiere verständigen, sind zuerst optische Signale, die erst beim direkten Aufeinandertreffen durch Tastsinn überprüft werden können.

Bestätigt hat sich, dass die Mulle optimal an ihre Umgebung angepasst sind. Sie können ihre Entwicklung während langer Hitze- und Dürreperioden regulieren. Sie bewegen sich langsam und vermehren sich langsam, sie brauchen wenig Nahrung. Während Ratten nach 21 Tagen Tragzeit Junge bekommen, benötigen Mulle 100 Tage, das ist extrem lang für so kleine Tiere. Sie entwickeln sich auch, je nach den Gegebenheiten und den Bedürfnissen des Nestes, unterschiedlich schnell. Die Stillzeit kann 70 bis

140 Tage betragen, ihre Augen öffnen sie nach 13 bis 50 Tagen. Ihr Wachstum kann sich den Umständen entsprechend verlangsamen. Die Fellentwicklung hängt vom Gewicht, nicht vom Alter ab. So wächst zum Beispiel der erste Wurf nicht mehr oder kaum noch, wenn der zweite Wurf im Nest liegt. Das ist in normalen Zeiten nach 170 Tagen der Fall. Die Königin bewegt sich während der Tragzeit kaum; sie wird rund um die Uhr versorgt. Die jungen Tiere wiegen bei der Entwöhnung immer 33 Gramm (± 0,3 g), das ausgewachsene Weibchen dagegen 60 bis 70 Gramm.

Professor Burda entdeckte, dass Junge, die von ihrem Stamm getrennt werden, schneller wachsen. Sie entwickeln dann aber nicht das soziale Verhalten, das zum Überleben in der Gruppe erforderlich ist. Burda: „Sie können sich nicht benehmen!" Werden sie wieder zu anderen Tieren gesetzt, kämpfen sie unentwegt, auch, sonst bei Mullen nicht üblich, Männchen gegen Weibchen. Die bei den Mullen erforderlichen Demutsgesten gegenüber stärkeren Tieren haben sie nicht gelernt.

Burda, dessen kleiner Sohn die Forschungsobjekte schon mal mit der Spielzeugeisenbahn durch das Wohnzimmer rollen lässt, wehrt sich immer wieder vehement dagegen, dass die Mulle als primitiv und angriffslustig bezeichnet werden. Die scheinbare Aggressivität führt er mittlerweile auf ihre Blindheit zurück. Vermutete Angriffe werden erst einmal vorsichtshalber abgewehrt. Eltern allerdings seien ihren Jungen gegenüber sehr nachsichtig und ließen sich auch die Nahrung vor der Nase wegstehlen. Beide kümmern sich um den Nachwuchs. Das sei bei Nagetieren sonst sehr selten. Er habe bei ihnen auch spielerisches Verhalten entdeckt. Eine zu ihnen gesetzte Maus hätten sie nicht etwa angegriffen, sondern mit ihr gespielt. Auch habe er gesehen, dass sowohl die jungen als auch die erwachsenen Tiere miteinander spielen.

Die wichtigste Frage für den Frankfurter Forscher war: Wie orientieren sich die Mulle? Er untersuchte Gehör und Geruchssinn seiner Graumulle. Sie hören im Bereich von vier Kilohertz, stellte er fest. Aber der Geruchssinn ist, entgegen seiner ursprünglichen Annahme, nicht sonderlich gut ausgeprägt. Sie nehmen zwar den

Eigengeruch ihres Stammes wahr, andere Gerüche aber, so Burda, „interessieren sie nicht". Ihre Nahrung finden sie durch Umhertasten. Burda nimmt dennoch – wie schon vor einem Jahr – weiter an, dass eine Orientierung durch den Windzug in den Gängen unwahrscheinlich ist. Bei jeder Veränderung oder äußeren Störung des Gangsystems, das bis zu fünf Kilometer lang sein kann, müsste dann durch den veränderten Luftzug ein „Durcheinander" entstehen.

Dennoch sind die Tiere in der Lage, Tunneleinbrüche zu umgehen und bei zerstörten Tunneln kilometerweit parallele Strecken anzulegen und ihre Nester wiederzufinden. Burda meint nun, dass die Tiere sensitiv auf das Magnetfeld der Erde reagieren. Ähnliches wird bei Waldmäusen, Walen, Seehunden und einigen anderen Tieren vermutet, ist aber experimentell schwer nachzuweisen. Burda fand bei seinen Tieren dort, wo einstmals die inzwischen verkümmerten Augen saßen, „ein dichtes Netz sensorischer Nerven". Darin entdeckte er eisenhaltige Zellen.

Auch dieser Beitrag machte den Lesern die Mulle nicht glaubwürdiger. Er rief stattdessen noch einmal Unglauben, Gelächter und Spott hervor. Ein Abonnent schrieb verärgert, solche schlechten Scherze seien Platzverschwendung. Niemand wollte so recht an das staatenbildende Säugetiervölkchen in den Steppen des südlichen Afrikas glauben.

Der nächste Besuch bei Burda und seinen Wundertieren fand ein Jahr später im August 1989 – diesmal als endgültige Beweisführung gedacht – mit einem Fotografen statt. Der eigentlich für den Kulturteil zuständige Redakteur stellte seine Seiten vorab für die Veröffentlichung zur Verfügung, war von den Fotos begeistert und verfiel unter der Rubrik „Mulltur" nachgerade in einen Bilderrausch.

Der Magnetismus und die Mulle

Eisenhaltige Zellen im Bereich der Augen, jetzt eindeutig nachgewiesen, ermöglichen ihnen die Orientierung in unterirdischen Gängen.

Fernsehstars waren sie geworden, die Mulle. Das hatte, nach dem Erscheinen der ersten beiden Beiträge in *Geo* und *taz*, genau zwei Jahre gedauert. Auch die *Frankfurter Allgemeine Zeitung* hatte einen Bericht veröffentlicht. Das änderte erst einmal gar nichts an dem Misstrauen der geneigten Leserschaft. Da musste das Fernsehen kommen und im Frühjahr 1989 und dann noch einmal im Sommer bewegte Bilder der Mulle senden. Während so die staunende Öffentlichkeit allmählich begann, das Phänomen Mull zu akzeptieren, war Professor Hynek Burda mit seinen Forschungen am Zoologischen Institut der Universität Frankfurt schon wieder einen erheblichen Schritt weitergekommen. Er war noch immer der einzige Forscher in Europa, der sich der Tiere angenommen hatte. Sein ursprünglich bis 1988 begrenzter Forschungsauftrag war verlängert worden.

Er stellte sich – zusammen mit seinen Mitarbeitern Marhold und Westenberger – noch immer vor allem zwei Fragen: Wie schafft es die Königin, dass ihr der Rest der Mulle zu Diensten ist und sie als einzige Junge bekommen darf? Und: Wie orientieren sich die blinden Tiere in ihrem Gangsystem unter der Erde?

Das Machtmittel der Königin, stand für ihn nun fest, sind Duftstoffe, die sie mit dem Urin ausscheidet. Mit ihnen hemmt sie die anderen Weibchen des Staates im Wachstum und hindert sie sich fortzupflanzen. Experimente ergaben, dass Weibchen, die lange von ihr getrennt gehalten und dann in den Bau zurückgesetzt wurden, ganz gegen die Hofetikette sofort begannen, sich mit interessierten Männchen zu paaren. Die Dufthemmung hatte ihre

Wirkung verloren. Genau das passiert auch, wenn die Königin stirbt. Das erklärte auch die blutigen Nachfolgekämpfe, bei denen jedes der vorher unterdrückten Weibchen versucht, aufzusteigen.

Auch zur Theorie der Staatenbildung bei den Mullen macht sich Burda seine neuen, eigenen Gedanken. Bisher galt die Annahme, dass der Mull-Staat sich gebildet habe, weil er viele Arbeiter brauche, um die weit verstreuten Nahrungsquellen in der Savanne, die in trockenen Gebieten seltenen Wurzeln und Knollen, zu erreichen und einzusammeln. Die Tiere müssen viel buddeln, also viel arbeiten, um zu überleben. Burda sieht das mittlerweile anders. Er geht davon aus, dass sich die Koloniegröße an dem Nahrungsangebot orientiert. Die Mulle zeichnen sich nach seinen Erkenntnissen in der Fortpflanzungsbiologie durch konservative Merkmale aus. Sie sind in ihrer Entwicklungsgeschichte kleiner geworden, haben aber die 100-tägige Tragzeit größerer Tiere nicht verkürzt. Sie sind – im Gegensatz zu den ihnen nah verwandten neuweltlichen Stachel- und Meerschweinchen – keine Nestflüchter.

Darin ähneln sie eher einer anderen Kategorie der Nagetiere, zu der auch Ratten, Hamster, Mäuse und Eichhörnchen zählen. Burda nimmt an, dass die Weibchen der Mulle im Lauf ihrer Entwicklungsgeschichte kleiner geworden und die neugeborenen Mulle eigentlich Frühgeburten sind. Die Jungen wachsen auch nach der Geburt nur langsam. Das Überlebensmodell Mull-Monarchie erklärt er unter anderem mit der physischen Unfähigkeit der Weibchen, Fett zu speichern. Wenn sie nichts zu fressen bekommen, verbrauchen sie schon an einem Tag 20 Prozent ihres Eigengewichtes. Deshalb rührt sich die Königin mit ihren Jungen nicht aus dem Nest und muss von den anderen Tieren versorgt werden, um die Art zu erhalten. Der energiesparende und den Bestand sichernde Versorgungsbetrieb funktioniert durch die von der Königin abgesonderten Duftstoffe. Sie überzeugen die Männchen und die von der Fortpflanzung ausgeschlossenen Weibchen davon, dass sie Futter heranschaffen müssen. Dies bedinge, so Burda, möglicherweise auch die relative Monogamie der Mulle. Die Königinnen bevorzugen für die Paarung immer wieder bestimmte, ebenfalls durchgefütterte Männchen aus dem Hofstaat, die sich sonst nicht verausgaben dürfen.

Mulle können sich das ganze Jahr über fortpflanzen, eine Fähigkeit, die „eigentlich ein Privileg des Menschen ist". Dazu Burdas Erklärung: Unter der Erde, in ständig gleicher, durch die Anlage der Gänge geregelter Temperatur, ohne Tages- und Jahreszeiten, „herrschen stabile Verhältnisse, es gibt keine Saison". Die Königin und ihr Favorit kopulieren fast täglich. Wenn der nächste Wurf geboren wird, hören die Jungen des vorherigen fast ganz auf zu wachsen und reihen sich in die Versorgungsmannschaft ein. Nach Burdas Beobachtungen werfen die Königinnen maximal zweimal im Jahr höchstens zwei Junge, von denen ein knappes Drittel stirbt. Pro Jahr überleben also im Durchschnitt drei Tiere. Eine Königin kann sich rund acht Jahre lang fortpflanzen, den Staat also um 24 Tiere vergrößern. Das entspricht ungefähr der Anzahl einer durchschnittlichen Mull-Gruppe.

Spannendster Gegenstand der Forschung ist für Burda allerdings noch immer der Orientierungssinn der Tiere, ein Gebiet, das im Frankfurter Institut Tradition hat. Seit rund 20 Jahren forschte hier schon sein Kollege, Professor Witschko, über den der Brieftauben. Dass die Mulle sich möglicherweise am Erdmagnetismus orientieren, vermutete Burda schon in Sambia. Die dort untersuchten Gänge richten sich, ebenso wie im gesamten südwestafrikanischen Verbreitungsgebiet der Tiere, immer gleich aus: von Südost nach Nordwest. Burda untersuchte einzelne Tiere mikroskopisch. Der Fund eisenhaltiger Zellen im Bereich der rudimentären, rückentwickelten Augen bestätigte seine ersten Vermutungen. Die Forschungen konnten allerdings 1989 nicht abgeschlossen werden, weil der Universitätscomputer in der entscheidenden Phase des Experimentes ausstieg. So gelang Burda nur der Nachweis der Qualität solcher Zellen, nicht aber der ihrer Quantität und Funktion.

Burda unternahm deshalb mit den Tieren, die er mittlerweile nicht nur im Institut, sondern auch bei sich zu Hause hielt, parallel Versuche mit der Helmholtzspule. In ihr kann der Erdmagnetismus durch Erzeugung homogener elektromagnetischer Felder simuliert und seine Ausrichtung verändert werden. Die Tiere orientierten sich auch hier nach der Richtung der vier – gedrehten – Feldlinien. Dass auch Menschen und Delphine sich am Erdmagnetismus orientieren, wurde lange vermutet. Die Mulle wären die ersten Säugetiere, bei denen der Nachweis gelingen könnte. Sie sind aber auch sonst für die Zukunft noch für einige Überraschungen gut.

Nachtrag. Auch dieser dritte Mull-Beitrag hatte eine ähnliche Resonanz wie die ersten beiden. Wiederum obsiegte der Zweifel. Die Leser misstrauten auch den Fotos. Diesmal nahmen sie es aber mit mehr Humor. Bastler schickten Fotomontagen selbst kreierter Tiere. Ein Mann aus Bremen bot an, seinen Hamster zu rasieren und abzulichten. Der werde dann, versprach er, exakt so aussehen wie ein Mull. Allerdings entfalteten die Tierfilme im Fernsehen nach und nach ihre eigene Dynamik. Und damit hatte die Diskussion ein Ende. Die Macht der bewegten Bilder war letztendlich stärker als aller Zweifel. Es stand fest: Der Mull ist so wahr wie die Evolution wunderlich.

Die Evolution

In den Meeren des Kambriums herrschte Krieg, Arten entstanden in rasendem Tempo, fraßen, wurden gefressen und verschwanden wieder. Über 100 000 Tierarten sind ausgestorben, von den Dinosauriern bis zu den Säbelzahntigern und Mammuts. Die Evolution ist ein Prozess, zu dem entwicklungsgeschichtlich eben auch das Aussterben gehört. Und sie ist weder linear noch abgeschlossen, auch wenn sich Menschen als Krone der Schöpfung empfinden sollten. Das kümmert die Evolution nicht, sie findet auch heute statt. Es entstehen neue Arten, alte verändern sich.

Dass der Mensch eher am Gegenteil, dem abrupten Ende vieler Tiere und Pflanzen teilhat, ist wohl wahr. Aber Tiere können sich auch ohne dessen Eingriffe als evolutionäre Sackgassen, als Fehlbesetzungen in ihrer Umwelt erweisen. Sinnend habe ich oft Filme über die Geparden betrachtet, diese hoch spezialisierten, eleganten Raubkatzen, Sprinter in der Savanne, das schnellste unter den Säugetieren. Wie sie da lospreschen, Energie geballt verbrauchen, so wenig Jagderfolg für solch einen hohen Aufwand haben und dann die Beute auch noch allzu häufig von Löwen abgenommen bekommen. Nicht einmal auf die Bäume können sie flüchten und dort ihr Futter verstecken, wie es die Leoparden tun. Selbst sichere Felsen erklimmen sie nur schwer, weil ihnen die ausfahrbaren Krallen fehlen. Das dauert einen regelrecht, wenn so ein elegantes Tier abrutscht wie eine ungeschickte Comic-Figur. Oder der Pandabär, das kuschelige Wappentier des World Wild Fund for Nature (WWF), ebenfalls hoch gefährdet und hoch spezialisiert. Zu hoch? Er vermehrt sich nur schwer. Jede Geburt in der Gefangenschaft ist eine Sensation. Er reproduziert sich auch in Freiheit nur spärlich, muss aufgrund seiner an die Futterpflanze angepassten Verdauung ständig fressen und rührt sich nur schwerfällig, weil er Energie sparen muss. Und dann ist da noch der Kakapo, dieser flugunfähige plumpe, knuddelige Papagei.

Der Kultautor Douglas Adams *(Per Anhalter durch die Galaxis)* reiste ab 1985 in irdischen Gefilden und suchte Gegenden mit vom Aussterben bedrohten Tieren auf. Er sah die Aye-Ayes auf Madagaskar, die Komodo-Warane und in China den Yangtse-Delphin. Über den Kakapo in Neuseeland schrieb er: „Unter diesen Vögeln ist der Kakapo der seltsamste. Na schön, wenn man genau darüber nachdenkt, ist wohl auch der Pinguin ein ziemlich sonderbares Geschöpf, nur ist er auf irgendwie robuste Art sonderbar und bestens an die Umgebung angepasst, in der er lebt, was man vom Kakapo nicht behaupten kann. Der Kakapo ist ein Vogel in der falschen Zeit. Wenn man einem von ihnen in sein großes, rundes, grünlichbraunes Gesicht sieht, wirkt er auf so heitere, unschuldige Art ahnungslos, dass man ihn am liebsten drücken und ihm sagen möchte, dass alles wieder gut wird, obwohl man weiß, dass das wahrscheinlich nicht stimmt." Wohl wahr, denn die ihn dezimierenden eingeschleppten Katzen werden nicht wieder verschwinden. Auf den wenigen Inseln, wo er, gehegt und ständig beobachtet, alle paar Jahre ein Ei legt, weil die Paare zu Fuß in den hohen Bergen so schwer zueinander finden, ist er, auch ohne die Feinde Hund und Katz, nicht gerade brutfreudiger. Manchmal scheint es, der Kakapo habe den Schnabel als Art von dieser Welt gestrichen voll.

Das aber ändert nichts an der Tatsache, dass es die Menschen direkt durch Jagen und Aufessen oder indirekt durch die Veränderung der Umwelt allein seit 1800 geschafft haben, 127 Vogelarten und Unterarten auszurotten. Der letzte neuseeländische Dünnschnabelnestor starb 1851 in einem Käfig in England, der letzte Réunion-Sittich verstarb 1834 in der Menagerie des Königs von Bayern, der letzte Tahiti-Laufsittich 1844. Hunde und Katzen hatte die Evolution vor allem auf Inseln oft nicht vorgesehen. Ob sich andere Fressfeinde irgendwann einmal aufgemacht hätten, Eilande zu erobern, sei dahingestellt. Die plötzliche Verfälschung und Veränderung des Lebensraumes endemischer Arten hat jedenfalls unbestritten ein letales Ergebnis für viele Arten. Experten zufolge sollen es heute täglich 130 Pflanzen- und Tierarten sein, deren Niedergang zwar der Mensch, sie selbst aber nicht mehr beklagen können.

Wer bei Veränderung der Lebensbedingungen nicht ausstirbt, hat sich angepasst. Auch da hat die Evolution ihre ausgefeilten Methoden. Melanismus und Albinismus gehören dazu, sozusagen als Varianten, die sich vorsichtshalber auf den Fall einstellen, dass die Umwelt nicht so bleibt, wie sie ist. Kohlweißlinge in England vermehrten ihre dunklen Exemplare verstärkt während der Zeit des extensiven Kohleabbaus, als Rußstaub die Umwelt verdunkelte und ein weißer Falter auffiel wie ein bunter Hund. Mit dem Niedergang des Bergbaus stellten sie sich wieder um und die weißen Schmetterlinge hatten wieder Präferenz. Dunkle Tiere kommen auch bei Wölfen und Wildkatzen immer wieder vor, sozusagen für alle Fälle. Möglicherweise ist auch der Albinismus nicht nur eine Mangelerscheinung, sondern auch Vorsorge der Art, in erdgeschichtlich kälteren Zeiten das dann besser getarnte Feder- und Fellkleid in petto zu haben.

Die Zwischenstufen der Verhaltensänderung sind auch heute zu beobachten. Wie weit sie Einfluss auf die Erscheinungsformen haben werden, wird sich weisen. Manches geht offensichtlich schneller, als Charles Darwin dachte. Die Ökonomie ist den Tieren inhärent. Zugvögel verbrauchen genau die Energie, die notwendig ist. Störche, Grasmücken, Stare, Kraniche haben sich den wärmeren europäischen Wintern angepasst. Sie ziehen kürzere Strecken in den Süden, fliegen später ab, kommen früher zurück oder bleiben gleich ganz da, wo sie sind. Auch hier wählen sie oft Mischformen. Manche Stare machen sich noch auf den weiten Weg nach Südspanien, der andere Teil der Population erprobt das Überwintern unter den neuen Voraussetzungen in Brandenburg.

Den Menschen ist all dies nicht wundersam genug. Sie haben sich immer ihre eigenen Tiere erfunden, solche aus der Vergangenheit wie die aus der Zukunft. Der Dinosaurier-Boom gipfelte in Spielbergs Film *Jurassic Park*, in einer cineastischen Anmaßung, denn wir wissen bestenfalls etwas über Skelette und Größe der Riesenechsen, über äußere Attribute oder gar das Verhalten aber kaum etwas. Wer oder was die nächsten Millionen Jahre der Erdgeschichte überleben wird, wird ebenfalls nicht der menschlichen

Phantasie überlassen bleiben, sondern der Evolution. Und ob die so liebe Menschentierchen hervorbringen wird wie den Außerirdischen E.T., ist eher zweifelhaft. Möglicherweise ist der moderne Tier- und Artenschutz ein bloßer Reflex der Menschen auf die Ahnung, dass, wenn andere Lebewesen aussterben, auch der *Homo sapiens sapiens* am Ende bedroht sein könnte. Vielleicht aber wird die Erde auch so unbewohnbar wie der Mond werden. Was wirklich werden wird, wissen wir nicht, aber auch die längst mausetote Vergangenheit ist als Fossilie manchmal posthum bedroht und bedarf langwieriger Rettungsaktionen.

Urpferdchen und Ameisenbär

Paläontologen kämpfen für den Erhalt der Grube Messel. Die hessische grüne Landtagsfraktion besichtigte die erdgeschichtliche Fundstätte. Die Landesregierung soll das „Erddenkmal" schützen.

Vor dem roten Dienstmercedes des Fraktionsvorsitzenden der hessischen Grünen und späteren Bundesaußenministers Joschka Fischer bog im Mai 1987 ein Lastwagen in Richtung des Städtchens Messel bei Darmstadt ein. Überholen war „nicht drin" bei Tempo 100. So hatte Fischer damals eine Weile lang den Werbeslogan am Heck des LKW vor Augen: „Beton – es kommt darauf an, was man daraus macht!" Um dies zu sehen, war er eigentlich nicht aus der Landeshauptstadt Wiesbaden angereist. Auf dem Parkplatz vor dem Gelände des Zweckverbandes Abfallverwertung Süd (ZAS) warteten die Abgeordneten seiner Fraktion, Journalisten und Bürgerinitiativler, Hobbyarchäologen und Wissenschaftler auf ihn. Sie wollten die Grube Messel besichtigen, eine 50 Millionen Jahre alte Senke, um deren Erhalt seit Jahren gekämpft wurde. Der ZAS verbaute hier Millionen Mark für Betonwannen, Gebäude,

Pumpen. In einem Teil der Grube schüttete es eine zwei Meter dicke Schotterschicht auf und hoffte, die Grube als profitable Müllkippe in Betrieb nehmen zu können. Die rot-grüne Landesregierung stoppte seinerzeit den Weiterbau. Paläontologen (Erforscher der Erdgeschichte, die Red.) bargen auf dem Grund des einstigen tropischen Urwaldsees so spektakuläre Fossilien wie das „Urpferdchen", Knochen eines straußenähnlichen Laufvogels, Urvögel samt schillerndem Gefieder, Käfer, Insekten, Fledermäuse und Pflanzen. Dann mussten sie nach dem Regierungswechsel wieder um den Verlust dieser in der Welt einmaligen Fundstelle fürchten.

Grabungsleiter Dr. Stephan Schaal vom Frankfurter Senckenberg-Museum deutete für Fischer in die 60 Meter tiefe Grube, in deren Mitte ein kleines Zelt stand. Er schilderte beredt, wie hier im Eozän harter Granit „fahrstuhlartig" einbrach, ein See entstand und in der Nachfolge der Dinosaurier die Säugetiere ihren erdgeschichtlichen Siegeszug antraten. Ein Ameisenbär, „einmalig in Europa", sei gefunden worden, „fast täglich eine Fledermaus". Außerdem seien die Funde geeignet, sich ein komplettes Bild von Tieren zu machen, von denen bisher nur Bruchstücke bekannt gewesen seien. Weitergehend lasse sich hier belegen, dass der amerikanische und der europäische Kontinent einmal durch eine Landbrücke verbunden gewesen sein müssen. Auch sei es jetzt mit feinmikroskopischen Methoden möglich, den Mageninhalt von Tieren und deren gesamte Lebensbedingungen zu erforschen. Dies alles, sagte Stephan Schaal, werde gewiss, wenn es gründlich betrieben werde, noch „wenigstens 50 Jahre Zeit" in Anspruch nehmen. Die Wissenschaftler, die sich vor einigen Jahren noch mit einem von der ZAS bewilligten Grabungseckchen in der künftigen Müllkippe zufrieden geben wollten, neigten plötzlich zu ungewohntem Widerstand. Weltweite Resonanz hatte ihnen Mut gemacht. Sie setzten sich für die „Erhaltung dieses erdgeschichtlichen Kulturgutes" ein und wollten, dass die Grube zum Denkmal erklärt werde.

Die Delegation schritt zur Besichtigung vor Ort. Am Grund der Senke, in der bis 1971 Ölschiefer abgebaut wurde, knistert es bei jedem Schritt. Die „Sohle VI“ ist bedeckt mit hauchdünnen, papierfeinen Gesteinsblättchen. Der Ölschiefer, laut Dr. Schaal eigentlich „bituminöser Tonstein“, hält sich nur in der Feuchtigkeit. An der frischen Luft zerfällt er innerhalb weniger Stunden. Deshalb sind die Grabungsarbeiten kompliziert. Die geborgenen Stücke müssen feucht gehalten und später aus dem brüchigen Schiefer herauspräpariert und konserviert werden. Innerhalb weniger Minuten standen alle versammelten Abgeordneten und Journalisten da und übten sich in sinnlicher Wahrnehmung. Sie zerbröselten Gesteinsbrocken, die sonst von Museumsmitarbeiterinnen und Studenten zerteilt werden. Aber kein Archäologenglück. Sie wurden an diesem Tag nicht fündig. Dafür aber freute sich der Student Michael Sauer. Er fand – gerade recht für die Fotografen – einen Urvogel. Fischer dagegen hatte besonderes Pech. Ihm flog nur ein Schauer kleiner Tonsteinbrocken um die Ohren, als ihm ein Mitglied einer örtlichen Bürgerinitiative allzu eifrig zeigen wollte, wo im Gestein denn nun die Fossilien sitzen.

Neben allen Protesten der Paläontologen sei die Grube, hatten Deponiegegner seit langem moniert, auch sonst als Müllkippe denkbar ungeeignet. Willy Mößle von der Bürgerinitiative machte Fischer auf ihm bekannte Ölschieferbrände und Erdrutsche aufmerksam. Die Zufahrtsstraße sei schon mehrmals abgesackt. Außerdem fülle sich die Grube regelmäßig mit Wasser, wenn nicht ständig abgepumpt werde. Der Untergrund ist denkbar porös. Am Ende der Führung appellierte der Abgeordnete Chris Boppel an den amtierenden Ministerpräsidenten Walter Wallmann (CDU), dafür zu sorgen, dass die Grube Messel müllfrei bleibe. Er solle sie sich lieber einmal selbst ansehen. Diesen Appell wiederholte Stephan Schaal später im Senckenberg-Museum in Frankfurt. Dort zeigte er Funde aus der Messeler Grube, die mittlerweile in Spezialausstellungen weltweit zu sehen sind. Zu ihnen gehört der freipräparierte straußenähnliche Vogel, kleine Raub- und Nagetiere, ein Urvogel samt Federn. Auch einen Halbaffen habe man schon gefunden. Die Grünen versicherten zum Abschied noch einmal, dass sie sich für den Erhalt der Grube einsetzen werden. „Dann werden wir aber auch andere Lösungen und Standorte mittragen müssen und das auch tun“, versprach Fischer. Regelmäßig luden die Paläontologen nun, sonst eher öffentlichkeitsscheu, Journalisten in die Grube ein, die sich unter Anleitung ebenso begeistert wie Fischer auf die Suche nach spektakulären Funden machen durften. Das führte zu einem Muskelkater und zu der doch eher deprimierenden Erkenntnis, dass es in der Entwicklungsgeschichte weitaus ältere Erfolgsmodelle gibt als den Menschen: Wespen zum Beispiel.

Der Erfolg der Wespe

Kleine Fische und funkelnde Käfer werden aus dem glitschigen Ölschiefer geschält, Urpferdchen und Reste ihrer Mahlzeiten. Einige der Tiere, die vor 49 Millionen Jahren im Regenwald rund um die Grube Messel lebten, sehen ihren heutigen Verwandten verblüffend ähnlich.

65 Millionen Jahre währt die Erdneuzeit, die Zeit des Tertiär. Lächerlich, gemessen an den über drei Milliarden Jahren, die bis dahin schon vergangen waren. Die Dinosaurier sind ausgestorben, die Polkappen nicht vereist, die Kontinentalschollen in heftige Bewegung geraten. Der afrikanische Kontinent driftet unbeirrbar und mit Macht nach Norden. Mitten im Eozän, vor rund 49 Millionen Jahren, toben im Rhein-Main-Gebiet Stürme, ziehen träge Flüsse durch das Land, entstehen Seen und Meeresarme und verschwinden wieder. Vulkane brechen aus und verändern die Landschaft. Unter Palmen in üppiger tropischer und subtropischer Vegetation beginnt der Siegeszug der Säugetiere durch die junge Erdgeschichte. Wer heute von Frankfurt die 30 Kilometer südlich zur Grube Messel fährt, hätte diese Reise im Eozän – natürlich rein theoretisch – auf demselben Breitengrad südlich des heutigen Neapel angetreten.

Erst die Kontinentalverschiebung rückte diese „Mitteleuropäische Insel“ um zehn Grade nach Norden, faltete die Alpen auf und versperrte die freie Sicht aufs Mittelmeer. Mittelmeer? Das breitete sich aus bis zum Indischen Ozean, Paris lag Land unter, Spanien, Sardinien und Korsika schwammen als Teilplatten im Wasser, Italien und der Balkan waren überflutet. Landbrücken verbanden den amerikanischen und den europäischen Kontinent miteinander.

Der englische Geologe Charles Lyell benannte das Eozän im vorigen Jahrhundert nach Eos, der griechischen Göttin der Morgenröte. Was er damit gemeint haben könnte, dokumentierten Stephan Schaal und Willi Ziegler in dem Buch *Messel – ein Schaufenster in die Geschichte der Erde und des Lebens.* Zahlreiche Ordnungen der modernen Säugetiere gehen in ihrer stammesgeschichtlichen Entwicklung auf das Eozän zurück. Dies gilt zum Beispiel für die Rüsseltiere (Proboscidea), die Raubtiere (Carnivora), die Unpaarhufer (Perissodactyla), die Paarhufer (Artiodactyla) und die Nagetiere (Rodentia). Allerdings sind ihre Vertreter zur Zeit des Eozäns noch sehr ursprünglich gebaut.

Im Jahr 1989 war es endlich still geworden um die Grube Messel, jahrelang war sie Zankapfel zwischen NaturschützerInnen, PolitikerInnen, Geologen, Paläontologen und Industrie gewesen. Auch die hessische CDU-Landesregierung hatte eingesehen, dass diese erdgeschichtliche Fundgrube nicht mit dem stinkenden Unrat des Rhein-Main-Gebietes zugeschüttet werden durfte. Der Messeler See des Eozäns allerdings, durch einen Grabenbruch mit einer Kette umliegender Seen entstanden, war auch damals keine Idylle, sondern eher ein giftiger, gasender Pfuhl mit stehendem Wasser.

In ihm hielt sich wenig tierisches Leben. Eine vorzeitliche Algenpest nahm dem See den Atem. Pflanzen- und Tierreste sanken zum Grund und mischten sich mit dem eingeschwemmten feinen Tonstaub, lagerten sich Schicht für Schicht über etliche hunderttausend Jahre ab und bildeten eine Ölschieferschicht von rund 190 Metern Stärke. Im See rumorte es, Faulgase stiegen an die Oberfläche. Insekten, Vögel und Fledermäuse, durch Stürme herangeweht, taumelten über dem Wasser, erstickten im giftigen Dunst, sanken auf den Seegrund und wurden dort im Moder in kurzer Zeit luftdicht „verpackt“ und konserviert. Säugetiere stürzten an den Ufern ins Wasser, ertranken, langten vollständig erhalten am Seegrund an oder trieben verwesend auf der Oberfläche und sackten Stück für Stück auf den Seeboden.

49 Millionen Jahre später. Stephan Schaal, Leiter der Sektion Messel des Frankfurter Senckenberg-Museums, ist sichtlich stolz auf seine Aufgabe. Er führt durch die Grube, in der schon im vorigen Jahrhundert Ölschiefer zur Gewinnung von Paraffin und Mineralöl abgebaut wurde. An ihrem Grund hat sich ein kleiner Tümpel gebildet. Im Sommer surren Libellen darüber und Enten, Teichhühner und Frösche tummeln sich. Durch den Schotter, der eigentlich für die Mülltransporter aufgeschüttet worden war, drängen sich Grashalme.

Oberhalb des Tümpels, an einer der drei derzeitigen Grabungsstellen, schwingt Gisela Krebs den Hammer. Sie lässt ihn scheppernd auf einen breiten Metallkeil krachen, dann auf den nächsten und übernächsten. Gisela Krebs ist verantwortlich für diesen Fundort. Die Energie der zierlichen, schwarzgelockten Frau bringt langsam auch die Crew – die meisten sind StudentInnen der Geologie – aus einer verschlafenen Mittagspause auf die Beine. Seit sieben Uhr morgens haben sie hier auf dem schwarzen Boden gesessen und mit breiten Messern Ölschiefer, Ölschiefer und noch einmal Ölschiefer gespalten – eine glitschige Angelegenheit.

Über ihnen am Hang ist wieder eine Scholle losgeschlagen, ca. zwei mal einen Meter breit, 20 Zentimeter hoch und zentnerschwer. Der Block rutscht langsam auf dem seifigen Untergrund abwärts. Und dann ist die Müdigkeit verflogen, die Spannung wieder da. Die großen Platten werden der Länge nach zerteilt und – wie ein Buch – vorsichtig auseinander geklappt, Schicht für Schicht in einer Breite von etwa einem halben Zentimeter, die Schnitte folgen im Groben der Ablagerungsdichte der schieferartig übereinander liegenden millimeterdünnen „Jahresringe“ des Ölschiefers. Das Blättern im Buch der Erdgeschichte ist eine Geduldsprobe. Ein

Fund ist auch in dieser dank unwirtlicher Lebensbedingungen so reichhaltigen Fossilienfundstätte die Ausnahme.

Kleine Fische sind da konserviert, winzig wie Stichlinge, ein zwei Handteller großer Schlammfisch, ein kleinerer und ein größerer Knochenhecht, dessen neuzeitliche Verwandte heute noch vereinzelt in Mittelamerika vorkommen. Seine rautenförmigen, harten, braunen Schuppen glänzen blank auf der Handfläche. Eine zierliche Fliege spreizt im Ölschiefer den schattenhaften Abdruck ihrer Flügel, die Beinchen fein und tänzerisch gereckt. Der Flügel eines Käfers schillert in metallischem Grün.

Gisela Krebs hält einen Prachtkäfer ans Licht, pfenniggroß, mit goldenen Flügeln, auf denen ein grünrotes Muster schimmert. Reste größerer Käfer kommen zutage und funkeln grün und blau. Die Spezies ist bekannt, die leuchtenden Bruchstücke wandern auf den Abfallhaufen, der sich um die Fundstätte türmt. Sie taugen nicht einmal zum Souvenir. Nach nur wenigen Stunden an der Luft verzieht und verbiegt sich der Ölschiefer, wird spröde und zerfällt dann zu Staub. Die Fundstücke müssen deshalb in Eimern unter Wasser zwischengelagert werden.

Grabende Laien sehen die PaläontologInnen nicht so gerne, obwohl es Hobby-Archäologen waren, die vor gut 100 Jahren auf die Grube aufmerksam machten. Zu viele seltene Stücke sind durch falsche Konservierung zerstört worden, verschwunden, im Privatbesitz untergetaucht. Ab und zu aber lassen sie Laien, zum Beispiel neugierige JournalistInnen, auf das Gelände. Und dann rümpfen die „alten Hasen" belustigt die Nase. Die stolz präsentierten dicken Ausbuchtungen auf den glatten Ölschieferplatten sind nicht etwa eingekapselte Wunder des Eozäns, sondern Koprolithen. Was bitte? Auf Deutsch: 49 Millionen Jahre alte Scheißhaufen!

Im Senckenberg-Museum am Alleenring in Frankfurt am Main zieht Stephan Schaal die Schubladen auf, führt durch kleine Hinterräume. Hier liegen die präparierten Exponate dicht an dicht. Im Raum davor ziseliert ein Präparator mit einem Zahnarztbohrer die Feinheiten eines Fundes heraus. Die Konservierung des Ölschiefers stellte die Paläontologen vor große Probleme. Sie experimentierten mit Gießharz, Glycerin und verschiedensten Einbettmassen. Mittlerweile wird das mürbe Rohmaterial vorwiegend mit Cyanacrylat (Sekundenkleber) getränkt, um die Strukturen zu festigen. Glanzstücke der Konservatoren sind inzwischen freipräparierte Stücke, z.B. Krokodile und Schildkröten, von deren Skeletten der Ölschiefer gänzlich entfernt ist.

Im Museum tut sich die Wunderwelt der Flora und Fauna des Eozäns in Fülle auf. Farne ähneln schon eher den heutigen Arten als jenen Riesengewächsen davorliegender Zeitalter, Nadelbäume wachsen vereinzelt am Seeufer, die Gräser stehen noch lange vor ihrer erdgeschichtlichen Hochzeit. Die paratropische Flora rund um den Messeler See ist mit keiner heutigen Vegetation zu vergleichen, hat ihre Nachfahren eher in den Subtropen und Tropen der südlichen Erdhalbkugel. Palmen, Aronstabgewächse, üppige Lorbeergewächse, Seerosen im Wasser und Lianen am Ufer, Hülsenfrüchtler in allen Größenordnungen, Teegewächse, stachlige Kletterpflanzen und Walnussvorfahren wachsen an den Steilufern und in den weiter abgelegenen Sümpfen und Trockengebieten rund um den See. Früchte, Blüten, Blätter und sogar Pollen lassen sich durch die Messel-Funde zuordnen. Friedemann Schaarschmidt kommt zu dem Schluss: „Es muss sich somit um einen artenreichen Regenwald gehandelt haben, der jedoch in nördlichen Breiten gedieh, in denen heute gemäßigte Floren wachsen.“ Auch Weinreben waren dabei. Diese müssen den Paradestücken aus Messel besonders gut gemundet haben, den so genannten Urpferdchen. Diese Säuger, die den weltweiten Ruf der Grube begründeten, waren überhaupt sehr geschmäcklerisch. Im Magen eines 1982 gefundenen Tieres fanden sich vorwiegend Weintraubenkerne. Ansonsten mögen sich die zwei Messeler Pferdchen-Arten, die größere wurde bis zu 60 Zentimeter hoch, von Blättern ernährt haben.

Zum Grasfresser und Einhufer entwickelten sich die Pferdchen in zahlreichen evolutionären Verästelungen erst später, ausgehend von Europa, vorwiegend in Nordamerika. Die europäische Population starb aus, die amerikanische wuchs und gedieh, änderte Hufzahl und Gebiss und gelangte vor rund elf bis zwölf Millionen

Jahren wieder nach Europa, starb aber dort wieder aus. Ein letzter Schub erreichte die Alte Welt erst vor drei Millionen Jahren, vor Beginn der Eiszeit. Das bedeutete ihr Überleben, denn in Nordamerika war es mit Ende der Eiszeit vor rund 8000 Jahren endgültig vorbei mit ihnen. Pferde sah dieser Kontinent erst wieder, als spanische Eroberer sie neu einführten.

Weniger populär sind die Funde anderer Säugetierarten im Messeler Ölschiefer. Neben den noch heute vorkommenden, weitaus älteren „lebenden Fossilien", den Schuppentieren und Ameisenbären, ließen sich die „Newcomer" des Eozäns, oft samt Fell und Mageninhalt, entdecken. Dabei sind die Primaten eher selten. Kaum halb so groß wie eine Hauskatze war das Halbäffchen, das in Messel neu entdeckt wurde und ein Zwischenglied zwischen Funden aus dem Unter- und oberen Mitteleozän darstellt. Es ähnelt einem doppelt so großen Lemur, dem Sifaka, der heute noch auf Madagaskar lebt und dort, isoliert, in seiner Entwicklung verharrte.

Die Nagetiere entwickelten sich rasant. Sie waren mäuse-, ratten-, eichhörnchenähnlich, hüpften, sprangen, kletterten, spezialisierten sich auf Pflanzenarten, zeigten Ansätze zum Graben und Schwimmen. Zu ihren Feinden gehörten Urraubtiere, die sich ebenfalls auf Bäumen tummelten und von der Nase bis zur Schwanzspitze ganze 55 Zentimeter groß wurden. Eine kleinere Art mag ein Vogeljäger und Nesträuber gewesen sein, eine andere am Boden gescharrt und gegraben haben. Alle fraßen vermutlich auch Früchte. Rätsel gibt die Tatsache auf, dass von allen drei in Messel vorkommenden nur Jungtiere gefunden wurden. Möglicherweise, vermutet Rainer Springhorn, sind nur diese, noch jagdunerfahren, ins Wasser geplumpst. Außerdem sind die Messeler Exemplare sehr kleine Arten. Anderswo waren sie zu dieser Zeit bereits größer und vielfältiger entwickelt. Noch hoffen die ForscherInnen, mit der Zeit auch größere Tierarten ans Tageslicht zu befördern. Doch erst im auslaufenden Eozän spaltet sich der Stammbaum der Räuber in Richtung von Bären, Wölfen, Mardern, Katzen. Auch Schweine, Flusspferde, Hirsche, Ziegen, Rinder, die Unpaarhufer, können in ihrer Ahnentafel auf urtümliche Exemplare im Eozän zurückblicken.

Der Messel-Fundus ist schier unerschöpflich. Einem Igel-Vorfahren sträuben sich noch sichtbar die Haare. Vögel, racken- und rallenähnlich, recken sich wie Ballett-Tänzer. Schlangen, Eidechsen und Frösche, zarte Blüten, Blätter und Früchte stapeln sich. Insekten gab es in großer Vielfalt: Spinnen, Schrecken und Zikaden. Nachgerade deprimierend ist die Erkenntnis, dass die Wespen es 49 Millionen Jahre lang nicht nötig hatten, ihr Styling zu verändern. Die heutigen Wespen und Termiten allerdings sind kleiner geworden als es ihre Vorfahren waren. Die Termitenköniginnen aus dem Eozän mögen im Hochzeitsflug über den See getaumelt und ins Wasser gestürzt sein. Sie sind gute sieben bis acht Zentimeter lang. Abteilungsleiter Schaal sieht noch mancherlei Überraschungen aus dem See auf sich zukommen. Von einem straußenähnlichen Urvogel mit Hakenschnabel, dem zwei bis drei Meter hohen Diatryma, ist erst ein Oberschenkelknochen entdeckt worden.

Die gerichtliche Auseinandersetzung um den Erhalt der Grube Messel fand erst 1991 ein Ende. Das Land Hessen kaufte die Grube und ersetzte der ZAS für deren Aufwendungen fast 30 Millionen Mark. 1992 schlossen das Land und die Senckenbergische Naturforschende Gesellschaft einen Vertrag über die Nutzung ab. Seit Dezember ist die Grube in die „World Heritage List" der UNESCO aufgenommen und nun dauerhaft Weltkulturerbe der Menschheit statt Müllkippe.

Wer oder was ist ein Haustier?

22 Millionen Haustiere, schätzt der Zentralverband Zoologischer Fachbetriebe, werden in Deutschland gehalten. Die Tendenz ist mit der wachsenden Single-Gesellschaft steigend. Katzen haben die Hunde überrundet. Einsame Männer streicheln abends ihre Stubentiger. Die Industrie boomt. Über 60 Tierzeitschriften bieten Rat, im Internet häufen sich Angebote für Ratgeber-Bücher und Produkte vom Flohhalsband bis zum Müsliriegel. Jährlich werden in Deutschland rund fünf Milliarden Mark umgesetzt. Über 4000 Tierarztpraxen behandeln Waldi und Maunzi. Dazu kommen immer mehr Heilpraktiker, physio- und psychotherapeutische Angebote. Allerdings brauchen auch die Menschen immer mehr Ärzte, weil sie allergisch auf Tierhaare jedweder oder spezieller Art reagieren, in den Städten mehr als auf dem Lande. Allergie sei allerdings, argwöhnen die Betreiber von Tierheimen, auch eine beliebte Ausrede für die Abgabe des abgelegten Lieblings. Dort landen, zählte der Deutsche Tierschutzbund, jährlich fast 300 000 Tiere. Endstation kann inzwischen auch in Deutschland, nach dem Vorbild der USA, der Tierfriedhof sein. 70 gibt es inzwischen. Trauernde Hinterbliebene können Hund und Katz auch ein Denkmal auf dem virtuellen Friedhof im Internet setzen.

Haustier aber ist nicht Haustier, denn die gefiederten und behaarten Mitbewohner sind eigentlich Heimtiere, oder noch neudeutscher: Hobby-Tiere. Das Haustier aus den Zeiten der Agrargesellschaften war ein Nutztier, das sich im Lauf der Jahrtausende veränderte, weniger durch Zucht als durch Anpassung an die klimatischen, landschaftsspezifischen und ökonomischen Lebensbedingungen der Regionen. Die moderne, ausschließlich leistungsorientierte Nutztierzucht ist kaum 200 Jahre alt. Manche Zoologen halten es für präziser, deren Ergebnisse Wirtschaftstiere zu nennen, denn als erste Nutztiere der Menschen gelten die Hunde. Ob dann zuerst Schafe oder Ziegen gehalten wurden, steht nicht fest.

Es folgten Schweine, Rinder, Pferde, Geflügel. Die Nutztiere veränderten ihr Erscheinungsbild durch Zucht. Viele ihrer nicht domestizierten Verwandten starben aus oder müssen streng geschützt und wieder ausgewildert werden. Nordamerikanische Bisonherden und asiatische Wildpferde verschwanden. Der letzte Auerochse starb 1627 in einem Wald in Polen. Wilde Kamelherden gibt es nur dann noch, wenn Hauskamele versehentlich wieder verwildern. In gegenläufiger Tendenz zu den Auswilderungs- und Rückzuchtprogrammen der Vorfahren der Haustiere kommen immer mehr Wild- und Jagdtiere als Fleischlieferanten in die Gehege: Rot- und Damhirsche, Rehe, Wildschweine, Strauße werden nicht mehr oder minder waidgerecht erlegt, sondern schlicht geschlachtet.

In der Erde pocht ein Rentierherz

Rentiere sind nicht gerade die einfachsten Transportmittel. Schlittenfahren mit Elchen und Hirschen aber ist ein noch schlimmeres Abenteuer. Die Rene waren während der letzten Eiszeit eine bevorzugte Jagdbeute in Europa. Das märchenweiße Ren taugt nur zur Festtagskleidung.

Rentiere gehören zu den ältesten Haustieren der Welt. Schon während der Eiszeit ließen die Menschen die kleine Hirschart für sich arbeiten. Die finnischen Samenvölker glauben, dass die Welt aus einer Rentierkuh erbaut wurde. Und ein rotweiß gekleideter rundlicher Herr kam eines Tages auf die Idee, sich von ihnen einmal im Jahr auf einem Schlitten zur Arbeit fahren zu lassen. Elchgespanne aber sind Fiktion, obwohl die großen Vettern der Rene nicht sehr menschenscheu sind. Sie leben in ihrer ursprünglichen Waldheimat gut getarnt und von nur wenigen Feinden bedroht, sind auch deshalb nicht so leicht zu erschrecken. Sie stören sich weder an Menschenmengen noch an Auto- und Eisenbahnlärm. Zu zügeln und zu lenken sind sie nicht. Sie folgen nur dann brav, beobachtete der Zoologe Bernhard Grzimek, wenn der Besitzer vorangeht, sonst fangen sie an, „etwa alle 20 Minuten an Büschen zu weiden, und legen sich spätestens nach einer halben Stunde mitten auf dem Weg nieder, wo sie sich dann drei viertel Stunden lang von der Anstrengung erholen".

Lasten verweigern sie gleich ganz. Aber sie sind anhänglich. Ein finnischer Biologe führte seine zahmen Elche Pussi und Magnus auf Marktplätzen vor. Für Panik sorgten die 800 Kilogramm schweren Tiere, als sie der Stimme ihres Herrn aus dem Transportwagen heraus folgten – mit einem Satz durch die Wagenplane und zweieinhalb Meter in die Tiefe. Bessere Erfolge, so Grzimek, erreichten Forscher in der Sowjetunion vor dem Zweiten Weltkrieg. Sie knüpften an vorgeschichtliche Felszeichnungen an, die Elche hütende Menschen zeigen. In der Versuchsstation Serpuchowsk wurden 13 zahme Elche zum Holztransport eingesetzt. Die Versuche wurden nach 1946 wieder aufgenommen und waren auch nach langer Dressur nur bedingt erfolgreich.

Elche wären für den Weihnachtsmann als Reisetiere ein kompletter Reinfall. Ihm bleiben nur die Rentiere, eine Unterfamilie (Rangiferinae) der Hirschartigen mit nur einer Art *(Rangifer tarandus)* und 20 Unterarten. Sie sind mit Rehen und Elchen verwandt, Grzimek nennt sie Rener. Sie sind die einzigen Hirschartigen, bei denen männliche wie weibliche Tiere ein Geweih tragen. Rentiere unterscheiden sich von ihren Verwandten durch Haare auf der Nase und den Aufbau der Füße, die spreizbar sind und auch in Morast und Schnee tragen. Die Nebenklauen reichen bis zum Erdboden und geben zusätzlichen Halt. Beim Lauf der Rentiere entsteht ein seltsames Knackgeräusch. Erst im 20. Jahrhundert stellte die Zoologin Erna Mohr fest, dass es nicht die Klauen sind, die da aneinander schlagen, sondern dass das Geräusch durch die Bewegung der Sehnen entsteht.

Ein Nutztier ist nur das Nordeuropäische Ren *(Rangifer tarandus tarandus)* geworden. Ihm schritten die Menschen bei den

Domestikationsversuchen nicht voran, sondern sie folgten den wandernden Herden zuerst als Jäger, dann als nomadische Hirten. Rene grasten zur Steinzeit auch in West- und Südeuropa. Sie waren die Hauptbeute der Späteiszeitmenschen.

In einer Höhle der französischen Dordogne ritzten die vorgeschichtlichen Jäger 121 Zeichnungen ihrer Nahrungsgrundlage in die Felsen. Mit dem Rückgang des Eises verschwanden auch die europäischen Rene. Die heutige Population stammt von Einwanderern aus dem Osten ab. In den Tundren des nördlichen Asiens und Europas sind sie immer noch unverzichtbare Lebensgrundlage vieler Menschen. Sie liefern Fleisch, Milch, Butter und Käse, Werkzeug, Leder und Felle.

Rentierhaare sind allerdings hohle Röhren, die zwar eine gute Isolierschicht bilden, aber so spröde sind, dass sie leicht brechen und die Felle deshalb unangenehm haaren.

Das Ren, das in der eisigen Kälte der Polarnächte überleben kann, ist in kulinarischer Hinsicht wählerisch. Es verzehrt eine Vielzahl von Pflanzen, Blüten, Pilzen, frisst Seetang, Lemminge, Mäuse und Vogeleier. Es kann seine vorwiegend pflanzliche Nahrung, mit den Vorderfüßen freigescharrt, auch tiefgekühlt konsumieren.

Warum Rene wandern, ist bis heute ungeklärt. Forscher vermuten als Ursache des Zuges sowohl den schonenden Umgang mit der knappen Nahrung als auch die Flucht vor den großen Mücken- und Rachenbremsenschwärmen der morastigen Kältesteppen. Rentierzüchter haben das störrische und aggressive Wesen, das vor allem die schon erwachsenen Männchen der Hirschartigen auszeichnet, durch Zuchtwahl besänftigt. Sie kastrieren alle männlichen Tiere spätestens im Alter von drei Jahren. Die Zucht brachte, wie bei allen Haustierarten, verschiedenste Formen hervor, neben den wildfarbenen auch schwarze, gescheckte und weiße Tiere, kompakte zur Fleischgewinnung und hochbeinige für die Schlitten. Weiße Rene, die Märchentiere mit silbernem Geweih und goldenen Klauen, sind bei den Züchtern eher unbeliebt. Die Albinos neigen zu Deformationen und werden meist gleich geschlachtet und ihr

Fell zu Festtagskleidung verarbeitet. In Finnland waren die Rentierherden bis ins 20. Jahrhundert der Reichtum der halbnomadischen Völker der Samen. Moderne Viehzucht und der Preisverfall nach Tschernobyl reduzierten diese Kultur der Samen jedoch fast zur Folklore. Aber noch immer ist die Welt in ihrer Schöpfungsgeschichte aus einer Rentierkuh erbaut, deren Augen als Morgen- und Abendstern am Himmel stehen und deren Herz im Erdinneren pocht.

Die Schriftstellerin Christa Dodwell reiste nach dem Zusammenbruch der Sowjetunion über die Kamtschatkahalbinsel und beobachtete den zögerlichen Wiederaufbau der privaten Rentierherden. Dort zähmte der Vulkangott der Überlieferung nach Hirsche, ehe er versteinerte. Das Menschenwerk beschränkt sich aber auch hier auf die Rene. Dodwell wagte die Reise auf dem Rentierschlitten: „Nachdem wir einen Wacholderstumpf gerammt hatten und mit dem Geschirr an einem Ast hängen geblieben waren“, ging die Fahrt aufs Glatteis, und „plötzlich alles schief“: „Ich bremste mit beiden Füßen, aber da drehten sie erst recht durch. Ihre Hufe schossen in alle Richtungen.“ Solche Abenteuer sind bei den Tschuktschen schier unerschöpflicher Gesprächsstoff: „Einer erzählt, wie sich seine Rene mit den Beinen in den Zügeln verfingen“, ein anderer, wie sein Ren bei einem Befreiungsversuch auf ihm herumtrampelte. Rene traben nicht wie Pferde diagonal, sondern setzen ihre Läufe nach Passgängerart einseitig auf: „Manchmal scheinen sich alle vier Beine auf einmal in der Luft zu befinden.“ Das ist keine himmlische Weihnachtsmannfahrt, sondern vermittelt „das Gefühl, in einem Rennboot zu sitzen, das über harte Wellen donnert“.

Traumreisen sind gewiss besser abgefedert. Traumreisen machen auf Kamtschatka nicht die Rentiere, wohl aber ihre Hirten. Zur Pilzzeit bedröhnen sich einige durch den Genuss des Fliegenpilzes. Dodwells Gastgeber „wartete mit der Idee auf, dass die Figur des Weihnachtsmannes, der ja mit einem Rentierschlitten durch die Lüfte fährt und die weiße und rote Farbe des Fliegenpilzes trägt, auf eine Halluzination zurückgehen könnte“. Auch für Projektionen sind Rene geeignet. Während andere Hirscharten nach der Kastration oder bei Hormonstörungen keine oder deformierte Geweihe tragen, wachsen sie den Renen geschlechterübergreifend und hormonunabhängig. Japanische und chinesische Händler kaufen die Gehörne tonnenweise auf. Sie werden gemahlen und getrocknet. Das so gewonnene Pulver wird Pantokrin genannt und in Asien als Heilmittel und Aphrodisiakum verwendet.

Zur Pantokringewinnung werden Hirsche vor allem in Staatsfarmen gehalten. Die Akademie der Wissenschaft in Moskau hat herausgefunden, dass Hirschgeweihe, im Gegensatz zu Nas-Hörnern, tatsächlich Geschlechtshormone und Aufbaustoffe enthalten, die gegen Alterserscheinungen und bei der Wundheilung helfen.

Eine der Leibspeisen der Tschuktschen ist das Pantui, der durchblutete Bast junger Rengeweihe. Das Rezept ist einfach: „Der Pantui muss über dem Feuer fünf Minuten lang abgesengt werden, bis man ihn abkratzen und essen kann. Er schmeckt recht süß, nicht wie Fleisch, und hat eine dicke, hautähnliche Schicht aus weißem Knorpel. Dann saugt man an den Geweihknochen, um das süße Blut zu genießen." Pantui, so Dodwells Gastgeber, sei stresslindernd und fördere die Genesung, zu viel davon aber wirke als Schlafmittel.

Das samische Nationalgericht „Porokaristys" ist weniger gewöhnungsbedürftig: Rengeschnetzeltes mit Preiselbeeren und Kartoffelbrei. Und während unser kleiner Dicker im roten Kittel umgeht und Geschenke durch den Kamin wirft, fährt der samische Teufel Stallo noch immer durch die Rauchlöcher der Jurten und Häuser. In der Julnacht kommt er mit dem Mäuseschlitten.

„Höhö" lockt der Bock

„An meiner Ziege, da hab ich Freude,
sie ist ein wunderschönes Tier.
Haare hat sie wie von Seide,
Hörner hat sie wie ein Stier."
Und klug ist sie auch noch.
Ein Loblied auf ein tolles Geschöpf.

Papa flucht, das Kind brüllt, Mama ist beherzt und zieht am einen Ende der Wanderkarte. Am anderen zerrt die Ziege. Der Osterausflug ist gelaufen. Die Ziege lässt die Fetzen fallen, dreht sich graziös um, köttelt lässig mit aufgestelltem Schwanz und knabbert an den Heckenrosen.

Ziegen sind Nervensägen. Und Ziegen gehören zu den ältesten Nutztieren der Menschen. Archäologische Funde datieren ihre Zähmung bis auf mindestens achttausend Jahre vor unserer Zeitrechnung zurück. Über die Abstammung der Hausziegen, über Arten und Unterarten ihrer wilden Vorfahren streiten die Gelehrten bis heute. Als Urahnen werden vor allem die vorderasiatische Bezoarziege mit ihren säbelförmig nach hinten gebogenen Hörnern und die Markhore oder Schraubenziegen, deren Gehörn sich schwungvoll aufwärts dreht, angenommen. Ziegenbraten waren schon in der Vor- und Frühgeschichte ein Leckerbissen. Archäologen, die solche Knochenfunde früher achtlos zur Seite warfen, rätseln heute in Dissertationen, ob die Tiere noch gejagt oder schon gehütet wurden.

Ziegen wird allerlei nachgesagt, manches zu Recht. Ziegen sind Individualisten, zwar gesellig, aber mit lockerer Distanz zu ihresgleichen. Seit Menschengedenken haben sie sich die Weiden mit den wahrscheinlich zeitgleich domestizierten Schafen geteilt. Zoologisch sind sie eng verwandt. Sie gehören beide zur Gattungsgruppe der Böcke. Schafe aber, sagt man, seien blöd, Ziegen – verglichen mit anderen wiederkäuenden Hornträgern – bemerkenswert klug.

Ziegen flüchten nicht so schnell wie Schafe, die bei jedem nichtigen Anlass in Panik geraten und auseinander stieben. Ziegen wahren gelassen den Sicherheitsabstand, sind aber auch notorisch neugierig und gehen der Gefahr auf den Grund. Im Notfall greifen sie an. Große Hunde sollten besser Reißaus nehmen. Das Feindbild der Ziege ist nun einmal noch immer der Wolf. Schafhirten wissen das und benutzen Ziegen in den Mittelmeerländern noch heute als Leittiere.

Sumerer, Akkader und Ägypter hielten und verehrten Ziegen. Ihr Gehörn war göttliches Attribut. Die Archäologin Elisabeth von der Osten-Sacken vertritt in ihrem Buch *Der Ziegen-Dämon* die These, dass die Zackenkrone, die noch heute ein Symbol der Herrschaft ist, ihren Ursprung in der Vor- und Frühgeschichte hat, als Götter und Könige mit dem den Ziegen geraubten Kopfputz geschmückt wurden. Mischwesen bevölkerten die Mythologie der Vor- und Frühzeit, göttliche Hirten, Naturgötter mit Ziegenköpfen oder -füßen.

Die Ägypter hielten in dynastischer Zeit mehr Ziegen als Schafe. Sie gerbten die Häute zu Wassersäcken, benutzten die Milch, die Galle und den Kot als Heilmittel. Zeitweilig fielen die Ziegen in Ungnade, wurden als Götterfeinde betrachtet, dann aber wieder rehabilitiert und dem Gott Amun geweiht. In der griechischen Götterwelt waren Ziegenmilch und -fleisch Götterspeisen. Die Ziege wurde dem Hirtengott Pan und der Jagdgöttin Artemis zugeordnet. Weingott Bacchus reiste im Ziegenwagen. Satyrn und Faune tummelten sich bocksgeil und -füßig in den heiligen Hainen und in der belebten Natur. Griechische Gelehrte schrieben allerlei Merkwürdiges über das Tierreich. Eine der wunderlichsten Geschichten ist die, wie der Ziegenmelker zu seinem Namen kam: Diese seltene und scheue Nachtschwalbe mit ihrem breiten, kurzen Schnabel fliege nachts an die Euter der Ziegen und trinke sie leer. Folge sei die Erblindung der ausgesaugten Ziegen.

In der nordischen Mythologie ziehen Ziegenböcke den Wagen des Donnergottes Thor. Im Götterhimmel Walhalla schenkt die Ziege Heidrun nicht Milch, sondern Met aus. Die israelitischen

Monotheisten verdammten die sinnenfrohe Vielgötterei und mit ihr deren Attribute. Die Ziegen wurden zu Sündenböcken und einmal im Jahr, beladen mit den Sünden des Volkes, in die Wüste gejagt.

Das Christentum erfindet Ende des 15. Jahrhunderts den Teufel, ein ziegenhaftes Mischwesen mit Zickenbart, Hufen, Hörnern und Schwanz, Widerpart Gottes, bösartig und bocksgeil, Inbegriff alles Bösen, Herr der Hölle, der Hexen und der Ketzer, die es mit Böcken treiben und auf Ziegen zum Hexensabbat reiten. Ziegen sind aber auch Märchentiere, manchmal schneeweiß mit goldenen Hörnern, manchmal rabenschwarz und zauberisch. Das berühmte *Tischlein deck dich*, von den Brüdern Grimm gesammelt und aufgeschrieben, beginnt mit einer realistischen Szene. Die zickige Ziege frisst sich voll und meckert hinterher doch: „Wovon sollt ich satt sein? Ich sprang nur über Gräbelein und fand kein einzig Blättelein." Der empörte Bauer jagt die Hirten, seine drei Söhne, davon. Das Glück finden sie anderswo, die Ziege meckert weiter.

Die Ziege ist kapriziös. Nomen est omen und ihr lateinischer Name Capra. Der Agrarwissenschaftler und Ziegenhalter Ulrich Jaudas spricht aus Erfahrung: „Unerschöpflich ist der Einfallsreichtum der Ziegen an Dingen, die dem Ziegenhalter als dumme oder boshafte Streiche erscheinen." Eigensinnig seien sie und Zwangsmaßnahmen gegenüber nicht zugänglich: „Ziegen gehen da häufig zum passiven Widerstand über, indem sie sich nicht mehr von der Stelle rühren und auch die Futteraufnahme verweigern." Überhaupt, das Futter. Ziegen sind widersprüchlich, gleichzeitig genügsam und wählerisch: „Es gibt tatsächlich kaum etwas Lästigeres als das ausdauernde und vorwurfsvolle Meckern einer Ziege vor gefülltem Futtertrog, der der Sinn nach irgendetwas anderem steht." Zum Beispiel eben nach einer Wanderkarte jenseits des Weidezauns.

Ziegen, ursprünglich in kargen Gebirgsgegenden zu Hause, müssen so sein. Wenn die Ernährungslage üppig ist, können sie wählen, in kargen Zeiten müssen sie alles untersuchen, ausprobieren, herausfinden, was davon sich verwerten lässt. Ziegen steckt die Gebirgsheimat auch noch nach Jahrtausenden in den Genen. Sie klettern mit Lust, überwinden spielend Zäune und Türen, schätzen den Überblick von erhöhtem Ausguck, manche Rassen klettern auf Bäume, um an die Blätter zu gelangen, die Lieblingsspeise aller Ziegen.

Wenn Ziegen meckern, dann ist das nicht einfach nur Meckern. Sie können es in mindestens drei Varianten: freudig zur Begrüßung, lockend, um das Kitz zu rufen, und weithin hörbar in der Brunst. Böcke fechten ihre Kämpfe um die Geißen mit dem Kopf aus. Sie stellen sich auf die Hinterbeine, ehe sie mit den Hörnern und der Stirn aneinander krachen. Der siegreiche Bock umwirbt die Geiß mit einem tiefen Brustton: „Höhö". Die Leittiere, meist sind das ein Bock und eine Ziege gemeinsam, warnen die Herde mit einem prustenden Nasallaut; verletzte oder kranke Ziegen stöhnen.

Ziegen sind nützliche Tiere. Sie geben Milch, aus der sich Butter und Käse bereiten lassen, ihr Fleisch ist mager und gesund. Ihr Fell lässt sich zu feinstem Leder verarbeiten, langhaarige Ziegen liefern teuerste Wollsorten. Sie vermehren sich schnell und sind genügsam. In Notzeiten standen sie hoch im Kurs.

Auf einer Veranda sitzt 1949 ein Flüchtlingskind und weint. Seine beste Freundin ist geschlachtet worden. Wochenlang hatte das kleine Mädchen der Ziege des Nachbarn Brennnesseln und Kräuter, saftige Blätter und junge Weidenruten gebracht. Dann hat die Mutterziege zwei Ziegenlämmchen geworfen, ein schwarzes und ein weißes. Das weiße, hat der Bauer gesagt, „das ist deines, du darfst mit ihm spielen". Da gibt es Fotos, das Kind mit verrutschter Schleife im Haar, das Kitz auf dem Arm, das Zicklein hüpfend und springend im Gras. Die Bauersfamilie sitzt zum Ostersonntag zu Tisch und verspeist das Tier. Das kleine Mädchen ist zufällig vorbeigekommen. Es weint. „Nicht weinen", sagt die Bäuerin mitleidig, „bald gibt es wieder junge Ziegen." Das Kind aber weint nicht, weil seine kleine Spielgefährtin tot ist und aufgegessen wird, sondern weil es Hunger hat, ihm das Wasser im Munde zusammenläuft, es aber von dem duftenden, dampfenden Braten kein noch so winziges Stück angeboten bekommt und genau weiß, dass es nicht betteln darf.

Das Schaf der Königin mit dem Nofretetekopf

Das Rhönschaf als Naturschützer im Biosphärenreservat verhilft auch dem Schäferberuf zu neuem Ansehen. Kaiser Napoleon war begeistert vom Geschmack des Fleisches der alten Haustierrasse und ließ ganze Herden nach Paris treiben. Heute schätzen vor allem die Touristen das Produkt mit dem Gütesiegel.

Eine karge Schöne ist sie, die Hohe Rhön. An den Berghängen des Schafsteins im oberen Ulstertal sind die Bäume niedrig, die Felsen schroff, Basaltbrocken treten auf den Äckern zutage, liegen als Geröllhalden an den Rändern der Weiden, keine lieblichen Matten. Die Wiesen und Senken sind sumpfig und feucht. Die Rhön im Dreiländereck zwischen Bayern, Hessen und Thüringen ist menschengemacht – Kulturlandschaft. Die Buchenwälder, die dem Mittelgebirge vulkanischen Ursprungs einst den Namen „Buchonia“ gaben, sind längst abgeholzt. Rau ist das Klima zwischen Wasserkuppe und Schwarzem Moor, kalt und nass, mit langen, harten Wintern. Der Boden ist entweder steinig oder moorig. Der Nebel hängt auch im Sommer bis mittags in den Tälern, steigt nur langsam auf, sammelt sich in der Höhe und lässt das Sonnenlicht diffus erscheinen. Auf den Bergen pfeift auch im Juli ein kalter Wind, der die Finger erstarren lässt. In dem kleinen Luftkurort Wüstensachsen im Tal, heißt es, reifen die Kirschen erst im September. Und in manchen Jahren bleiben sie grün und ungenießbar. Äpfel, Birnen, Kartoffeln, etwas Gerste, viel Kohl, Flachs zum kärglichen Auskommen der Leineweber haben die Menschen hier jahrhundertelang angebaut; und sich den Bedingungen so angepasst wie ihr Vieh.

Immer schon führten die großen Verkehrswege auf den Bergen und über die Pässe weit vorbei an den Orten in den Tälern, es gab wenig Austausch, dafür aber bittere Armut. Die Rhöner Leibeigenen und Bauern, die kleinen Handwerker wehrten sich immer und immer wieder vergeblich gegen Fronarbeit und Abgaben. Kriegsheere und Söldner aller großen europäischen Schlachten plünderten und verwüsteten die Dörfer. Die Rhöner gelten als zurückgezogener, harter Menschenschlag, als misstrauisch gegenüber Neuerungen und, aus Not, extrem sparsam.

Seit 1991 ist die Rhön, anfangs nicht gerade zur Begeisterung der Bewohner, als UNESCO-Biosphärenreservat anerkannt. Dass ausgerechnet Dietmar Weckbach, ein großer, wettergebräunter Mann, 38 Jahre jung, mit strahlend blauen Augen, unterfränkischer Lebenslust und losem Mundwerk, das Rhönschaf, altes und neues Markenzeichen der Region, bewahrt und mithilfe der Verwaltung des Biosphärenreservats erfolgreich vermarktet, kam sie hart an. Weckbach ist ein Zugereister. Das ist er auch nach über 20 Jahre noch geblieben. Und ein Schäfer dazu. Diese wandernden, vagabundierenden Gesellen standen bei den bodenständigen Rhönern noch nie in hohem Ansehen. Und Schaffleisch auch nicht.

Das liefert Weckbach an Metzgermeister Jürgen Reith in Ehrenberg-Wüstensachsen. Der ist auch ein Junger, der den Familienbetrieb in der dritten Generation weiterführt und nach neuen Wegen für ein gutes Auskommen suchte, statt aufzugeben und abzuwandern. Er schlachtet Weckbachs Schafe, veredelt das Fleisch in seiner mit Buchensägemehl befeuerten Räucherkammer zu duftenden Salamis und Lammschinken. In die Wurst kommen vor allem ältere Schafe. Ein Anteil Schweinespeck wird zum mageren Schaffleisch als Geschmacksträger dazugegeben. Er darf bis zu 20 Prozent betragen. Das Fleisch der Lämmer wird an die heimische Gastronomie geliefert, die mit diesem neuen Produkt inzwischen auch Feinschmecker von außerhalb in die Rhön lockt. Das Geschäft gehe gut, sagt Metzger Reith, „vor allem mit den Fremden". Die Einheimischen, erst nach dem Zweiten Weltkrieg durch Zonenrandförderung und Tourismus zu bescheidenem Wohlstand gekommen, mögen lieber Rinder- und Schweinebraten. Schaf- und Ziegenfleisch galt vom Ende des 19. bis in die 70er-Jahre des 20. Jahrhunderts als billige Arme-Leute-Speise.

Das war zuvor noch ganz anders. Das Rhönschaf mit dem leichten, feinen Wildgeschmack war eine Delikatesse und sogar ein Exportschlager. Kaiser Napoleon zog mit seinen Truppen mehrfach über die „Frankfurter Straße" durch die Rhön. Im Oktober 1813 wurde er bei einem Rückzugsgefecht aufgehalten und übernachtete im Norden der thüringischen Rhön im Schloss des Barons von Buttlar. Im Dorfgasthaus „Schwarzer Adler" sollen er und seine Offiziere mit Rhönhammel verköstigt worden sein. Der Kaiser war begeistert und veranlasste den Import der Tiere nach Frankreich. Wanderschäfer trieben fortan große Herden bis nach Paris. Gourmets lobten den Geschmack der Tiere über den grünen Klee und adelten die deutschen Schafe. An den französischen Tafeln, sagt die Überlieferung, erhielt das Schaf aus der Rhön seinen Namen und hieß fortan wortspielerisch „Mouton de la reine", „Hammelfleisch der Königin".

Dieser wirtschaftliche Erfolg sorgte auch in Deutschland für die Verbreitung der Landrasse bis ins ferne Ostpreußen. Das Verhältnis zu Frankreich verschlechterte sich, die Einfuhrbestimmungen wurden strenger und die Essgewohnheiten der Menschen änderten sich. Mit dem Sinken der Fleisch- und Wollpreise auf dem Weltmarkt, dem durch Düngemittel intensivierten Ackerfutteranbau und der damit steigenden heimischen Rinderhaltung lohnte sich die Schafzucht für die Bauern nicht mehr. 1957 gab es in den alten Bundesländern nur noch 300 ins Herdbuch, das amtliche Zuchtregister, eingetragene Rhönschafe.

Noch schlechter war es um den Bestand in der Deutschen Demokratischen Republik in Thüringen bestellt, obwohl gerade der Schaffleischanteil die Eigenart und den weltweiten Ruhm der Thüringer Wurst ausgemacht hatte. Die Zucht wurde 1969 eingestellt, weil die Tiere nicht in die realsozialistischen Normprogramme der Landwirtschaftlichen Produktionsgenossenschaften (LPGs) passten. Knapp 100 Tiere überlebten die Verdrängungszucht. Rhönschafe zu halten, war unter Strafe verboten. Einige Bauern hielten sie dennoch heimlich, ehe sich – noch in der DDR – neuere Erkenntnisse der Tierzucht durchsetzten und das Rhönschaf als Genreserve wieder zugelassen wurde. In der thüringischen Rhön ist die Zahl seither wieder auf über 1000 Muttertiere angewachsen.

Im Westen kümmerte sich der Bund für Umwelt und Naturschutz (BUND) seit 1985 um die Tiere. Er kaufte eine kleine Herde zusammen, die von einem ersten Partner, Landwirt und Wanderschäfer Walter Kolb, im bayerischen Oberelsbach-Ginolfs übernommen wurde. 1997 erwarben die Naturschützer dann auch die letzten 241 hessischen Rhönschaf-Nachkommen. Es hatte sie nach Nordhessen in die Nähe von Fritzlar verschlagen. Dorthin hatte jene Familie von Buttlar, der Napoleon seine Tafelfreuden verdankte, in der Nachkriegszeit eine Herde gerettet. Sie stand nach dem Tod des Besitzers zum Verkauf an den Schlachthof bereit. Ganz reinrassig, stellte Schäfer Weckbach fest, war sie nicht mehr: „Da konnten wir uns gar nichts vormachen." Weckbach erhandelte sie dennoch im Auftrag des BUND und pachtete sie. Dafür musste er sich vertraglich verpflichten, seine alten Herden abzugeben und die neuen zur Landschaftspflege auf den Magerwiesen der Rhön einzusetzen. Das Zusatzfutter muss in der Region gekauft werden und ökologisch angebaut sein. Im Ausgleich erhielt er das Recht zur Direktvermarktung. BUND und Biosphärenreservat übernahmen das Marketing des Fleisches mit Gütesiegel für die Gastronomie, an „absolute Ehrlichkeit auf der Speisenkarte" geknüpft ist.

Im Biosphärenreservat wird streng kontrolliert. Da, wo Rhöner Produkte angeboten werden, müssen sie auch im Kochtopf sein. Trittbrettfahren gilt nicht. Nur für regional gezüchtete, auf Rhönwiesen aufgewachsene und vor Ort geschlachtete und zubereitete Schafe darf die Originalbezeichnung verwendet werden: „Rhönschaf" eben. „Rhöner Schaf", „Rhöner Lamm", „Rhönlamm" oder „Lammfleisch" können zwar billiger sein, echt sind sie nicht. Das Konzept scheint vorerst aufzugehen. Der Sympathie- und Werbeträger Rhönschaf avancierte zum „Nutztier des Jahres" und ist auf der Roten Liste der bedrohten Nutztierarten nur noch als Stufe III,

„gefährdet“, eingetragen, gilt also schon fast als gerettet. Herdbuchführer Gerd Bauschmann aus Friedberg schätzte den Gesamtbestand im Jahr 2000 auf rund 10 000 Tiere, die als halbwegs echte Rhönschafe durchgehen können. 2500 Mutterschafe seien 1997 im Herdbuch eingetragen gewesen. Nur mit ihnen darf gezüchtet werden. Die Reinrassigkeit werde „zur Not auch genetisch untersucht“. Zum Glück seien auch bei nicht ganz echten Rhönschafen insgesamt „90 Prozent der Grundform erhalten geblieben“. Nun gelte es, sie gezielt zu vermehren.

Schafe haben keine Namen. Da passt Rhönschäfer Weckbach auch als Zugereister zu Land und Leuten. Auch er kennt keine Sentimentalitäten. Bis auf eine. Und die heißt Hans. Hans ist ein veritabler Zuchtbock, ein makelloses Rhönschaf vom glatten, unbewollten, lackschwarzen und hornlosen Kopf mit der leichten Rammsnase bis zur braunen Halskrause, vom gelbweißen Vlies bis hin zu den hohen, staksigen Beinen, die kurz behaart und fleckenlos weiß sein sollen. Die Zuchtregeln sind streng. Keine weißen Flecken da, wo keine hingehören, etwa auf Kinn, Wangen, Stirn, und keine schwarzen im Fell und an den Beinen. Diesen Standard einzuhalten, sagt Weckbach, das sei „gar nicht so einfach“: „Das Schwarz wandert.“ Hier und dort taucht es unbotmäßig auch bei Lämmern mustergültiger Rhönschafeltern an den falschen Stellen auf: an den Fesseln, auf dem Rücken. Von Merkmalen eingekreuzter Rassen, die auch nach Generationen wieder erscheinen können, ganz zu schweigen.

Das Rhönschaf ist eine der ältesten urkundlich erwähnten Landschafrassen mit eingetragenem Namen in Deutschland. Es sei, heißt es 1844 in den Akten des Fuldaer Hochstifts, von „einer eigenthümlichen Art, welches selbst im Ausland unter dem Namen 'Rhönschaf' gekannt wird. Es ist gelb-weiß mit einem schwarzen Kopf ohne Hörner, trägt eine grobe, wenig gekräuselte, wenig elastische Wolle, ist von großem Körperbau, starkknochig und von großer Mastfähigkeit.“ Das war einmal. Neben den heute gängigen Schafrassen wirkt es wie ein Zwerg. Das Rhönschaf widerstand den Einkreuzungen, die die Landschafrassen in Europa nach und nach verdrängten, nur da, wo es abgelegen gehalten wurde. Früher galt es als für ein Gebirgsschaf relativ groß, dabei aber leicht und schlank, genügsam, wetter- und kletterfest und mit seinen harten Klauen wenig anfällig gegen Parasiten und die Schafskrankheit Moderhinke. Es kann über lange Strecken laufen. Die Mutterschafe setzen ihre Lämmer das ganze Jahr über problemlos.

Manche Liebhaber kamen in den letzten Jahren nach der Wiederentdeckung geradezu ins Schwärmen. Der „Adonis unter den Schafen" sei das Tier mit dem „aparten, schmalen Nofretetekopf".

Auch Dietmar Weckbach war den Rhönschafen schon als Kind zugetan. Seine Familie betreibt die Schäferei in der fünften Generation. Der Ururgroßvater trieb seine Herden durch Süddeutschland, der Vater weidete Schafe auch in der hessischen Rhön. Auf dem US-amerikanischen Truppenübungsplatz in Wildflecken fraßen sie die Wiesen in militärischem Auftrag fürs freie Blick- und Schussfeld kurz. Dietmar Weckbach wusste schon als Junge, dass er ganz gewiss einmal Schäfer werden wollte. Er erinnert sich, dass der Vater mit Rhönschafen nichts am Hut hatte. Die waren ihm zu klein und zu mickrig. Sohn Dietmar erstand schließlich eines vom eigenen Geld, das dann in der Familie verächtlich „das Schäfchen" genannt wurde. Aber auch er hätte damals nicht im Traum daran gedacht, eine ganze, mittlerweile über 800-köpfige Herde davon zu besitzen. In die Rhön war er eigentlich nicht wegen der Schafe, sondern „der Liebe wegen" gekommen, hatte geheiratet, ein Haus gebaut und vor allem Merinoschafe gehalten.

Weckbach zieht an seiner Tabakpfeife, blickt auf die Herden, zeigt seine beiden großen Ställe: „Das ist mein Himmelreich. Das ist mein Leben. Ich will nichts anderes machen." Aber er ist auch ein moderner Schäfer, ein Unternehmer mit einer Mischkalkulation. Er treibt seine Schafe nicht mehr so weit, wie seine Vorfahren es taten, hält sie auch auf der Koppel, kein Schäferkarren mehr, keine monatelangen Wanderungen. Dafür ist er auf der Weide mit dem Handy erreichbar: „Auch ein Schäfer muss sich heute anpassen, schnell sein und seine Hausaufgaben machen." Seit 1999 führt er

Gruppen durch die Rhön. Schulkinder, Naturfreunde, Wanderer und Tagestouristen lernen bei ihm die Schafzucht und -haltung kennen. Er erzählt vom Leben der Schäfer früher und heute, erklärt die Vor- und Nachteile der verschiedenen Schafrassen. Drei Merinoschafe laufen als lebendiges Anschauungsmaterial in der Herde mit. Sie sind augenfällig größer als die schlanken Rhönschafe, wolliger und flauschiger, werfen mehr Lämmer und geben mehr Milch. Und ihr Fleisch ist fetter. Und das ist, die Moden wandeln sich auch beim Essen, heute nicht mehr gefragt.

Die Besucher lernen während der Exkursionen auch die neue Aufgabe der Rhönschafe kennen, den Erhalt der Kulturlandschaft. Streuobstwiesen, Mager- und Borstgrasrasen müssen kurz gehalten werden. Auf diesen Weideflächen gedeihen seltene, vom Aussterben bedrohte Pflanzenarten. Ohne Rhönschaf kein Seidelbast, kein Türkenbund, keine Akelei, Trollblume, Quellkraut, Fransenenzian. Und auch keine der in dieser Landschaft heimisch gewordenen Insekten und Vogelarten.

Weckbach demonstriert die Landschaftspflege gerne in alter Schäfertracht, obwohl der graue, weite Staubmantel für die Pflege der Rhönwiesen eigentlich nicht mehr vonnöten ist. Früher schützte er vor Staub und Getreidespelzen, weil die Schafe über Nacht auf abgeernteten Stoppelfeldern eingepfercht wurden. Manchmal trägt er auch die graue Schäferweste mit den vielen kleinen und großen Perlmuttknöpfen, die eigentlich ein Kalender sind. Die verschiedenen Größen zeigen die Hütetage und -wochen des Jahres an, stehen für Sommer- und Wintermonate. Zur Schäfertracht gehört auch eine Hose, die in hohe Lederstiefel gesteckt wird. Die zieht er aber nicht an: „Das sieht aus wie früher die Uniformen der SS-Männer. Das mag ich nicht.“ Aber der gelblich grüne Filzhut mit der Kordel und der lange Schäferstab mit der kleinen Schippe am einen und dem Fanghaken am anderen Ende sind für ihn noch immer unverzichtbar.

Mit dem Haken fängt er einzelne Tiere aus der Herde heraus. Manchmal springt er aber auch lieber dazwischen, greift ein Tier mit der Hand. Der Haken, der sich um eines der Hinterbeine der

Tiere legen soll, ist zu groß: „Rhönschafe haben so dünne Beine." Gefangen werden alle die Tiere, die unregelmäßig laufen oder gar hinken, denn ihre Klauen müssen geschnitten werden, weil sie nicht mehr durch weite Wanderungen abgenutzt werden. Das sieht, so Weckbach, gefährlicher aus als es ist. Ist ein Schaf gefangen, wird es, rund 70 Kilogramm Lebendgewicht, auf den Rücken geworfen. Dann bleibt es, nach Art der Schafe, im Totstellreflex relativ still liegen und lässt die blutige Prozedur über sich ergehen. Ein paar schnelle Schnitte mit dem traditionellen Werkzeug, einem kleinen, scharfen Messerchen mit leicht gebogener Klinge; die Wunden werden desinfiziert und heilen schnell. Dumme Schafe? Nichts da, sagt Weckbach, die seien sehr klug: „Sie wissen genau, dass ich es auf ihre Klauen abgesehen habe." „Geschickte Schauspieler" seien sie, die sich in der Herde verstecken oder versuchen, das Hinken zu vertuschen.

Schafehüten ist eine Kunst. Weckbach pfeift seine Herde herbei: „Mädi, auf geht's!" Er treibt sie geschlossen hierhin und dorthin, lässt sie im Kreis traben wie die Kavallerie, bergab, bergauf, kehrt Marsch, wieder zurück. Der Schäfer kommandiert, aber: „Die Feinarbeit machen die Hunde." Tiger rennt. Der kleine, struppige, altdeutsche Schäferhund rast um die Herde, treibt einzelne Ausreißer zurück, kneift in Schafsbeine. Die Herde bewegt sich wellenförmig, die schwarzen Schafsköpfe wippen, die Körper drängen sich im angeborenen Fluchtverhalten zusammen. Die Stimmen sind so vielfältig wie das bei Schafen eben ist, vom hellen, meckernden „Bäähä" bis zum tiefen, dunklen „Böööh". Tiger rennt, Weckbach steht still und ruft: „Tiger, geh zurück! Tiger, geh besser raus! Tiger, vorn, halt auf!" Tiger hat sichtlich Freude an seiner Arbeit und wird am Nachmittag noch mehr rennen, denn dann steht wieder Klauenschneiden auf dem Programm.

Weckbach weiß genau, dass die Schäferei heute eigentlich anachronistisch ist. Aber manchmal träumt er von alten Zeiten. Eine „elegante Herde" über Land zu treiben, das ist für ihn noch immer das Schönste: „Da vibriert der Boden. Das ist Stolz, das ist Ehrgeiz." Und die Landschaftspflege in der Rhön, das sei für ihn nicht

Folklore, „kein Komödienstadel“: „Ich erzähle den Menschen die Wahrheit. Wenn wir ihnen hier den Traum von der heilen Welt vorspielen würden, dann hätten sie uns schnell durchschaut.“ Und zum Schluss zeigt er, dass der traditionelle Schäferstab nicht nur als Fanghaken gut ist. Weckbach lehnt sich, klassische Schäferpose, darauf. Ruhe sei nun einmal die erste Schäferpflicht. Ist der Schäfer ruhig, dann sind es auch die Schafe. Und wer sich aufstützt, steht von ganz alleine still.

Göttervogel, Schnatterlieschen

Schon bei Griechen und Römern wurden Gänse gezüchtet und gern gegessen. Anderswo galten sie als unantastbar, weil heilig. Mit der Weihnachtsgans verleibte sich das Christentum heidnische Bräuche ein. Gänse sind, verglichen mit Hund, Kuh und Katz, erst spät Haustiere geworden. Eine rätselhafte Statuette aus der sumerischen Stadt Ur zeigt die Göttin Ban, auf zwei Gänsen sitzend und zwei zu ihren Füßen. Dass bereits die Ägypter vor 4000 Jahren Gänse hielten, belegen Wandbilder, Reliefs und Funde mumifizierter Gänsebraten.

Da lag sie, unausweichlich alle Jahre wieder, auch noch am dritten Weihnachtsfeiertag. Ein brauner Knochenberg, kahle Rippen, graue Fasern und Gallert. Und das musste aufgegessen werden und reichte fast noch bis Silvester. – Die obligatorische Weihnachtsgans war in den 50er-Jahren eine Anstrengung, nicht nur finanziell, sondern auch wegen ritueller Zubereitung und ebensolchem Verzehr. Zuvor hatte der talgige, schwere Riesenvogel schon körperlichen Einsatz verlangt und Feuergefahr bedeutet: Über einer kleinen Emailleschüssel im Waschbecken mussten die schwarzen und weißen Federkiele abgesengt werden. Die Flammen schwebten unheimlich blau in der Spüle wie Irrlichter. Es stank nach Brennspiritus, verbranntem Haar, verbrannter Gänsehaut. Dann wurde die Gans, sagte Großmutter, „ausgelassen". Was bedeutete, dass die dicken, gelben Fettschichten eine brandheiße Verwandlung zum Gänseschmalz durchmachten. Das langte als Brotaufstrich bis Ostern. Heiligabend gab es Nudelsuppe mit Gänseklein, Hals, Herz, Leber, Magen, Haut. Das Braten nebst Wenden des Riesentiers im engen Backofen am nächsten Tag war ein militärisches Manöver, erforderte Vaters Kommandos und implizierte zwangsläufig den weihnachtlichen Familienkrach. Der braune Braten stand dann an beiden Feiertagen auf dem Tisch. Und musste, unweigerlich nächster Streitpunkt, fachgerecht zerlegt werden. Vater bekam – ein Naturgesetz – die Keulen, Mutter die Brust. Den Kindern blieben Flügel und der Sterz. Dann kam, dritter Feiertag, die Hackfleischfüllung auf den Tisch. Zuletzt wanderte das zerhackte Gerippe in den Topf und ergab, abermals gründlich ausgekocht, immer noch „eine gute Suppe", angedickt mit Gries oder Graupen.

Das Brustbein diente als Wetterorakel. War es braun, ließ es auf einen milden Winter hoffen, „ist aber weiß, kommen Schnee und Eis". Die wilden Gänse, Sehnsuchtsvögel der nationalistischen Volksmusik, zogen zwei Monate später „mit schrillem Schrei nach Norden", keilförmig dem Frühjahr vorweg.

Die Graugans *(Anser anser)*, graubraun befiedert, mit rot orangenem Schnabel und ebensolchen Beinen, ist die größte eurasische Gänseart. Sie ist die Urahnin aller Hausgänse der westlichen Hemisphäre. Sie wurde in Netzen gefangen, gemästet, später auch gezüchtet und zu den Opferfesten geschlachtet. Ihre Haustierwerdung veränderte sie: machte sie schwerer, watschelnder, fetter und verringerte ihr Hirnvolumen. Knochen- und Schriftfunde belegen, dass sie sich zu wahren Riesenviechern entwickelte, die „auf dem Bauche liefen". Das war den Gänsen am Nil im Ägypten der Pharaonen noch erspart geblieben. Sie waren, außer Opfertieren, Ziervögel und Statussymbol der Reichen. Die streitsüchtigen Tiere symbolisierten Mut und Freiheitsliebe. Während der Herrschaft Ramses' III. (1193–1162 v. Chr.) meldeten Tempelstatistiken die Lieferung von 680714 Gänsen.

Auch die Griechen hielten Gänse. Sie waren der Aphrodite geweihte Vögel der Fruchtbarkeit, nicht nur dann, wenn sie goldene Eier legten. Und, weil monogam lebend, die Tiere der Treue. In der *Odyssee* erfreut sich die ihres Gemahls harrende Penelope ihrer 20-köpfigen Gänseschar. Heilige Gänse lebten auch in den Tempeln der römischen Göttermutter Juno, der Schirmherrin der Ehe. Ein anderer, von den Römern adaptierter, vorhellenistischer Gänsegott war anzüglicher: Priapus, der Gott der Fruchtbarkeit und lang anhaltenden Erektion. Zu militärischen Ehren als Vögel des Kriegsgottes Mars gelangten Gänse 390 v. Chr. Die Tempelgänse warnten die Stadt Rom mit ihrem Geschrei, erzählt die Legende, als die Gallier vor dem Kapitol standen.

Das ungefähr zeitgleich domestizierte, asiatische Pendant zur europäischen Hausgans, die Höckergans, stammt von der wilden Schwanengans *(Anser cygnoides)* ab. Kreuzungen beider ergaben in Russland die Tulaer Gänse, deren besonders streitsüchtige Ganter seit dem 16. Jahrhundert, analog zum Hahnenkampf, dazu abgerichtet wurden, sich mit den Flügeln zu prügeln und zu beißen. Ihre Aggression wurde dadurch angestachelt, dass die Lebenspartnerinnen am Rand der Arena zuschauen mussten und aufgeregt schnatterten. Südostasiatische Köche, sonst angeblich nicht wählerisch, mochten die Gänse nicht. Sie favorisieren Enten. Den Römern schmeckten ihre Gänse gut. Sie mästeten sie in Gänsehöfen mit Milch und Honig. Die Eier wurden weich gekocht verzehrt. Stopfleber war schon damals eine Delikatesse. Für besonders große und zarte wurden die Gänse mit Süßen Feigen traktiert. Als besonders wertvoll und fruchtbar galten die auch bei wilden Gänsen immer wieder vorkommenden Albinos. Römische Agrarschriftsteller empfahlen sie besonders zur Weiterzucht. Was nahe legt, dass die Römer ihre Bestände durch Wildfänge und deren Gelege und Brut vergrößerten. Als Anser trojanus wurde römischer Gänsebraten mit Birnen, Quitten und Kastanien serviert. Auch Kelten und Germanen schätzten den Vogel. Die belgischen Moriner lieferten den

Römern beste, schneeweiße Daunen und ganze Gänseherden. Angeblich sollen die Tiere lebend über die Alpen getrieben worden sein. In Britannien, berichteten römische Reisende, galten die der Göttermutter Freya geweihten Tiere als so heilig, dass sie nicht verspeist werden durften.

Das synkretistische Christentum verleibte sich jedoch nicht nur fremde Götter und Weihestätten ein, sondern ganz nebenbei auch den vorchristlichen Opferschmaus: Die Gans, vormals Götterbotin, Sturmwarnerin, wurde nach und nach zur dummen, zur Martins- und Weihnachtsgans. Noch die Kreuzfahrer hatten Gänse auf ihre Eroberungszüge mitgenommen und „wanten, daz der heilig geist in der gens wer". Damit war es nach dem Mittelalter vorbei. Gänse wurden zum Sinnbild für faule Weiber, Geschwätz, Fressgier, Dummheit, falsche Predigt. Ketzerischer Gänseglaube, Unkeuschheit und Saufgelage wurden ihr ans Federkleid geheftet. Legenden erzählten nun, dass die schnatternden Gänse ihren guten Hirten, den heiligen Sankt Martin, verraten hätten. Aber wie das so ist mit der Einvernahme: Es blieben „Suse, liebe Suse, was raschelt im Stroh?" und „Heile, heile Gänschen", deftige Reste des erotischen Tiers, in Kinderliedern versteckt: „Gretel Pastetel, was machen die Gäns? Sie sitzen im Wasser und waschen die Schwänz." Und: „Was trägt die Gans auf ihrem Schwanz? Dank sei der Federgans: eine Jungfrau in dem Hochzeitskranz."

Den Hochzeitskranz bringt sie der Braut, nicht nur um des Reimes Willen, auch in dem Lied von der *Vogelhochzeit*. Während der zoologische Familienangehörige Schwan manchen romantischen Part der Gans übernahm, wurden die Gänse, ohne Schuhe wie ihre Hirten nun ziemlich am Fuße der sozialen Leiter, zum Symbol für märchenhaft arme und ehrliche Hütehansel und Gänseliesel. Die stiegen wahlweise als arme, gänsebrüstige Kinder von Wiese und Wegrain auf zu Prinzen. Oder aber Prinzessinnen mussten, verstoßen und verwunschen, die Gänse treiben und Gänsewein trinken: „Sie hat drei Jahre lang die Gänse hüten müssen; sie hat nichts Böses dabei gelernt, sondern ihr reines Herz behalten." Die Hexe wird zur weisen Frau, und alle Gänslein werden zu schönen Mädchen. Und mit der goldenen Gans bekommt schließlich auch der letzte Dümmling des Königs Töchterlein. Gustav Gans allerdings, Walt Disneys angeberischer Glücksgänserich, wird Daisy, Maßliebchen, Gänseblümchen, nie bekommen. Den Pflanzen ging es übrigens nicht anders als ihren Namensgeberinnen. Sie wurden von der Heilpflanze zum profanen Liebesorakel junger Mädel – „er liebt mich, er liebt mich nicht" –, zum Unkraut degradiert.

Die zoologische Rehabilitation der dummen Gans gelang erst dem Verhaltensforscher Konrad Lorenz. Er durchlitt nicht nur die versehentliche Prägung des Gänsekükens Martina auf ihn selbst als Gänsevater, sondern beschrieb das Verhalten der Graugänse akribisch vom Schlüpfen bis zur Freundschaft und Partnerbindung. Dass die Sexualität bei der festen Paarbindung, Priapus hin oder her, von Gans zu Gans kaum eine Rolle spielt, beobachtete Lorenz anhand dauerhafter Paarbindungen zwischen Gantern, denen freundschaftliche Rituale wie der gemeinsame Triumphschrei wichtiger waren als die erfolgreiche Fortpflanzung. Lorenz notierte Eifersucht, Trauer, Hass und vielerlei andere zwischengänsliche Gefühle.

Nicht nur das verdirbt den Appetit auf Gänsebraten. Tierschützerische Dokumentationen zeigen Zwangsmästung, krankhaft vergrößerte, gelbgraue Stopflebern und das brutale Rupfen der Gänsedaunen in Massentierhaltungen. Dabei sind Gänse lebend nützlicher als Unkrautvertilgungsmittel. Sie fressen besonders gern die lang und zäh wurzelnden Quecken. In den USA werden sie in Erdbeer- und Spargelfeldern erfolgreich im Gänsemarsch eingesetzt und in Norddeutschland neuerdings im Feldversuch auf Kartoffeläckern erprobt.

Schluss und Gänsefuß. Über dessen mangelnde Verwendung in der Antike räsonniert der Dichter Jean Paul: „den alten Horaz z. B. redet in seinen satiren jeder narr an, ohne dasz die alten nur durch die kleinsten ‚gänsefüsze' oder ‚hasenöhrchen' angezeigt oder unterschieden hätten, wer eigentlich rede."

Opportunisten – der Mensch zwischen Faszination und Grauen

Die Tiere erobern sich die Städte zurück. Jüngst hallte ein Aufschrei durch die Vorstadtsiedlungen, als sich die Wildschweine nach zwei besonders geburtenstarken Jahren 2001 mangels Nahrung im Wald aufmachten, die Straßen, Gärten und Biomülltonnen der Menschen zu erobern. Ein Berliner brachte sein Lebensgefühl im Sommer 2001 empört auf den Punkt: „Wir sind doch nicht in Afrika. Wir müssen doch nicht mit wilden Tieren leben." Müssen wir doch. Denn was der Mensch in seiner Umgebung nicht ausrottet, das macht sich manchmal getrost auf, um von den Fleischtöpfen der Zweibeiner zu profitieren. Amseln, vormals scheue Waldvögel, sind längst in die Städte eingezogen, kluge Rabenvögel wie Elstern und Eichelhäher, einst im Stadtbild ebenfalls unbekannt, rückten nach. Turmfalken entdeckten die Felsenmeere der Städte als Brutplätze. Sie leben gut von Wellensittichen und Tauben. Die gelten im menschlichen Müll längst als fliegende Stadtratten. Möwen sind gerade dabei, ihnen diesen Rang streitig zu machen. Sie zogen flussaufwärts ins Landesinnere. Seit der Gartenteich zum Statussymbol der Reihenhäuser und Bungalows wurde, findet auch der Fischreiher Gefallen an ihm. Kaum sind die ersten Fischlein in die Idylle eingesetzt und wohnt ein Frosch im Fast-Biotop hinter dem Haus, steht der große Vogel bereit, bei den Besitzern Ambivalenz in Sachen guter Natur zu erzeugen: „Das Mistvieh hat unsere Goldfische gefressen!"

Im Jahr 2000 sorgte ein Fuchs auf dem Frankfurter Hauptfriedhof für rege Diskussionen, ob er abgeschossen werden müsse. Erst nachdem Experten versichert hatten, er werde sich gewiss nicht an den Gebeinen der Verstorbenen vergreifen, durfte er weiterleben. An einer Tankstelle am Berliner Kronprinzessinnenweg habe ein Fuchs sich regelmäßig von den Kunden durchfüttern lassen.

Herber traf es die Stuttgarter Wilhelma. Füchse holten sich die durch gestutzte Flügel flugunfähigen Flamingos als leichten wie fetten Braten. Andernorts stahlen sie Pinguine aus dem Gehege.

Nicht nur zwischen Mensch und Tier, sondern auch zwischen Tieren untereinander bilden sich neue Zweckgemeinschaften. Oder sind sie gar nicht so neu? Diese Wechselwirkungen sind erst in den letzten Jahren rudimentär erforscht worden. So kooperieren Zwergmungos mit einigen Vogelarten. Die einen jagen, die anderen profitieren vom aufgescheuchten Kleingetier und warnen als Gegenleistung vor Gefahr. Dass Tiere sich den Menschen, wie eben anderen Tierpopulationen auch, seit Jahrtausenden angeschlossen haben, ist von der Stubenfliege, den Katzen in Ägypten bis zum Hausrotschwanz eigentlich nichts Neues. Rabenvögel folgten den Heeren auf die Schlachtfelder der Menschheitsgeschichte ebenso wie die Jäger und Sammler der Steinzeit den wandernden Herden folgten. Wo Massen sind, fällt immer etwas zu fressen ab. Kulturfolger aber können lästig fallen, wenn sie die geordnete Menschenwelt durcheinander bringen, statt brav in ihren Reservaten oder Biotopen zu verweilen.

Der Blick auf die sozialen Wechselwirkungen zwischen Mensch und Tier und zwischen den Tieren untereinander wurde durch biologischen Utilarismus lange verstellt. Eine höchst eindimensionale Beziehung. Wir werden umdenken müssen, denn je mehr wir über das Mitgeschöpf Tier lernen, umso mehr scheint eine komplexe Wechselwirkung auf. Mensch nutzt Tier, passt sich ihm aber auch in vielen Bereichen an, Lebensräume verändern sich, Tier reagiert, Mensch reagiert. Opportunisten profitieren. Und manchmal ist es schließlich heutzutage in westlichen Zivilisationen schon die Frage, wer hier eigentlich wen beherrscht. Wir werden uns, ließ der Berliner Senat die menschlichen Hauptstadtbewohner 2001 wissen, an die terroristischen Wildschweine gewöhnen müssen. Er gab Verhaltensmaßregeln heraus. Wohl wahr, das lässt Gedanken aufkommen über eine neue Soziologie der Gemeinsamkeit von Menschen und Tieren in der Kulturlandschaft, an paradiesische Zustände in gleichberechtigter Partnerschaft. Kanadische Camper müssen sich schließlich auch mit den Bären arrangieren und nicht nur die Österreicher gewöhnen sich allmählich an den Gedanken an Wölfe in ihren Wäldern. Seit dem März 2002 müssen das auch die Sachsen: Nach 150 Jahren sind die Wölfe wieder da! Ein Rudel wanderte aus Polen ein und lebt auf einem Truppenübungsplatz in der Lausitz. Die sechs Tiere haben gute Chancen, prächtig zu gedeihen, denn auf dem für Zivilisten gesperrten Gelände gibt es Wild im Überfluss. Auch der Mensch ist lernfähig. Von der bereits vollendeten Gewöhnung an tyrannische Hauskatzen soll hier gar nicht erst die Rede sein. Nützlich im althergebrachten Sinne sind sie noch weniger als die Wölfe, in den Augen der Menschen bestenfalls von Nutzen wegen ihrer Schönheit, ihrer Streichelbarkeit oder ihrer Anmutung der Wildheit.

Der Blick zurück vom Tier auf den Menschen ist der derjenigen, die um ihr Überleben in der Menschenwelt kämpfen. Tiere unterwerfen sich den Regeln des *Homo sapiens* durch Opportunismus. Der Mensch ist zwar einerseits ein feindliches, gefährliches Tier, das aber andererseits Fressbares in Rucksäcken mit sich führt, Ratten die gedeckte Tafel in die Kanalisation kippt, Mehlmotten und Kakerlaken reichlich ernährt. Und es erschließt neue Territorien, beschleunigt die Entwicklungsgeschichte der Lebewesen erdgeschichtlich seit 200 Jahren wie im Zeitraffer. Dauerte es vorher lange Zeit, Jahrtausende, oder wenigstens Jahrhunderte, ehe eine Art sich eine neue Umgebung erobern und die bereits vorher Dagewesenen an sich gewöhnen konnte, hat sich das Tempo dank moderner Verkehrsmittel rasant erhöht.

Die Schöpfung schreitet fort. Der Mensch schafft den Platz dafür. In den nach der Giftkatastrophe der Schweizer Pharmafirma Sandoz streckenweise verödeten Rhein wanderten Arten nach, die vorher dort gegen die ursprünglichen Bewohner keine Chance gehabt hätten. Mancherlei Neozoen, Neubürger, Einwanderer fühlen sich in ihrer neuen Heimat allzu wohl. Der Mink, nordamerikanischer Nerz, macht den europäischen Artgenossen den Garaus, die robusteren, grauen Eichhörnchen verdrängen die kleineren roten, amerikanische Flusskrebse, gefräßige Schnappschildkröten, Waschbären und Marderhunde kommen gut zurecht. Die Diskussion darüber, ob sie nützen oder schaden, ist kontrovers. Wat dem een sin Uhl, sagt ein plattdeutsches Sprichwort, sei dem anderen sin Nachtigall. Die Dreikantmuschel machte den Binnenschiffern und Energieversorgern schwer zu schaffen. Die Einwanderin vermehrte sich exzessiv, besiedelte Schiffsrümpfe, verstopfte Rohrleitungen und verdrängte einheimische Schalentiere. Die heimische Kolbente fand das prima und stellte sich von Pflanzen- auf tierische Kost um. Nun hat die Muschel ihren, ebenfalls zugezogenen, Meister gefunden, einen kleinen Schlickkrebs aus dem Schwarzen Meer, der die Muschel mit einem Gespinst überzieht und erstickt. Nachrücker sind schon bereit: Die Kaspische Körbchenmuschel *Corbicula fluminea* reiste 1991 ein, stört sich am Schlickkrebs gar nicht und hat sich mittlerweile bis nach Basel ausgebreitet. Egal, ob groß oder klein, Anpassungskünstler sind Siegertypen. Die Menschen betrachten sie mit Faszination und Grauen.

Von handteller- bis dackelgroß

Ratten sind weich und flauschig und haben Kulleraugen. Trotzdem mag kaum jemand sie leiden. Die Anpassungskünstler sind das Alter ego der Menschen. Und das ängstigt diese ganz besonders.

Ratten sind Haustiere im wahrsten Wortsinn, doch keiner mag sie gern streicheln. Im Gegenteil, bis auf eine verschwindend kleine Fangemeinde ist man eher mit ihrer möglichst vollständigen Vernichtung beschäftigt. Und hält die Ratte für schlimmer als die Pest. Alles Projektion. Das Alter ego des Menschen nistet seit je in vielfältigen Visionen vom Untergang, in Labyrinthen und Unbewusstem.

Tiere und Kinder ziehen immer, sagen Politiker, Journalisten und Werbeagenturen. Ratten aber ziehen nicht. Sie sind widerborstig. Unbestritten sind sie zwar Haustiere, aber ganz und gar ohne Pet-Appeal.

„Ja, ja, die Ratten werden uns überleben", sagt stattdessen ein sonst ganz gescheiter Ökologie-Redakteur mit resigniert gesenkter Grabesstimme und verweist auf besonders groß geratene Mäuse rund um Tschernobyl. Ob die nun durch die Atomstrahlung so prächtig gediehen sind, oder bloß, mangels zum Beispiel menschlicher Nahrungskonkurrenz, gut im Futter stehen, sei dahingestellt. Die Angst vor den Folgen des eigenen menschlichen Tuns wird auf die Ratten projiziert. Ratten sind, was sich beweisen lässt, Projektionstiere. Die Ratten, einerseits neugierig, andererseits opportunistisch, konditionierbar, anpassungsfähig, bodenständig und konservativ, sind das Alter ego des Menschen.

Die Angst vor dem Nahrungskonkurrenten Ratte, der die menschlichen Scheuern und Kammern ratzeputz kahl frisst, ist da noch die realste und harmloseste, gut dafür, den Hochrechnern der Welternährungslage und fortschritts- und chemiegläubigen Ernteertragssteigerern um jeden, noch so giftigen Preis Feindbild zu sein wie Mehltau, Getreiderost und Kartoffelkäfer. Die Krankheitsüberträgerin Ratte als Schädling an der Volksgesundheit ernährt im Namen der Hygiene ganze Industriezweige und Forschungsabteilungen. Dass doch immer eine die Vernichtungsaktionen überlebt, lässt Gedanken über die Vergeblichkeit solchen Tuns auch dann aufkommen, wenn die Misserfolge in Ballungsräumen tatsächlich meist auf Fehlern der Anwender beruhen, die die Mittelchen zu niedrig dosieren und damit die ihnen so unheimlich scheinende Widerstandsfähigkeit erst erzeugen, die dann wiederum noch stärkerer Gifte bedarf. Ratten werden von vielen Menschen aber auch ohnedies als eklig empfunden.

Dass menschliche Tierphobien eben angeboren seien, haben gerade in jüngster Zeit immer wieder behaviouristische Forscher zu beweisen versucht. Das mag vielleicht für gefangene Menschenaffen gelten, die nie eine Schlange gesehen hatten, trotzdem aber wütend auf Stücke schwarzen Gartenschlauchs einprügelten. Die Angst vor den Nagern jedoch speist sich – unter anderem – aus der Tatsache, dass die Tiere Wirt des Rattenflohs sind, in dessen Verdauungstrakt das Bakterium *Yersinia pestis* lebt. Dieser Zusammenhang aber ist erst 1894 entdeckt worden. Da war die Pest in Europa bereits seit über 100 Jahren verschwunden.

Rattenangst kann also weder genetisch verankert noch durch lange menschheitsgeschichtliche Erfahrung erworben sein. Dass Ratten sich vermehren wie die Ratten und die Menschenwelt in grauen Fluten überschwemmen und vernichten könnten, nährt vor allem die Umsatzzahlen diverser Horror- und Fantasy-Autoren. Hohe Fertilität schreckt die Menschen nur bei der eigenen Spezies nicht. Dass Ratten-Armeen gezielt handeln und ganz besonders riesige Generale haben, die kriegerisch, zerstörerisch, entmenscht zur Vernichtung jedweder anderen Spezies schreiten, projiziert der *Homo sapiens* deshalb auch lieber spiegelbildlich auf die der Ratten.

Aber auch die einzelne Ratte kann sich von der kleinen, nicht einmal handtellergroßen Maus zur Dackelgröße auswachsen. Dazu mindestens mutierten während meiner Recherchen die meisten jener verhuschten Nagetiere, die Freunden und Bekannten auf Straßen und in Kellern je im Leben begegnet waren. Allesfressend knabbert sich die Ratte aber auch da ins menschliche Unbewusste, wo ihr Alter ego in die Irre geht. Im Labyrinth, dem Vorraum zur Hölle, wird sie nicht orientierungslos, sondern ist ganz bei sich zu Haus. Womit wir spornstreichs bei den dunklen Orten sind, an denen Phantasieratten besonders gerne siedeln: unter den Röcken der Frauen.

Sexualität ist von den Ratten ebenso wenig zu trennen wie der ihnen stets nachfolgende Schwanz. Und das ist auch der Rattenangst Kern: der Schwanz, der rosa geringelte, dünn behaarte, nackt scheinende. Jedenfalls vordergründig, denn das hinterwendig mit dem obszönen Schwänzlein ausgestattete Viech ist vorderseitig auch noch mit scharfen Nagezähnen bestückt, die sich, Kinderreime darüber gibt es zuhauf, sonstwo hineinnagen könnten – in dunkle Löcher unter feuchtwarmen Röcken zum Beispiel. Dass reale Ratten das mitnichten tun, versichern Zoologen da vergeblich.

Dass Rattenpanik eine Männerphantasie sei, legt nicht nur die Mitgliederstatistik der Vereine der Rattenzüchter und -liebhaber nahe. 90 Prozent der bundesweit rund 600 Rattenfans sind Frauen, die nicht kreischend die Röcke raffen, sondern ihre Rättchen zärtlich Schnuppernasen und Knopfaugen nennen. Der Psychoanalytiker Sigmund Freud geht dem Rattenschwanz in seiner Fallstudie eines Zwangsneurotikers, *Der Rattenmann*, an die Wurzel und beschreibt frühkindliche Ursachen für nagendes Grauen und unüberwindlichen Ekel ebenso wie die dem Patienten unbewusste Identifikation mit den kleinen, schmutzigen, verachteten Nagern.

Der holländische Zoologe Midas Dekkers, der die Affenliebe, die die Menschen in diesem Jahrhundert zu ihren Haustieren entwickelt haben, als den „Gipfel der Dekadenz" und „Zeichen von Verfall" brandmarkt, hat eine Beliebtheitsskala der Tiere aufgestellt, zu der sowohl Menschenähnlichkeit als auch Streichelbarkeit zählen.

Die Ratte aber hat menschenähnliche Pfötchen, Kulleraugen und ist, lassen wir den zu Unrecht als feucht und glitschig assoziierten Schwanz beiseite, weich und flauschig. Walter Benjamin, des falschen Gefühls nicht verdächtig, schrieb in *Einbahnstraße*: „Beim Ekel vor Tieren ist die beherrschende Empfindung die Angst, in der Berührung von ihnen erkannt zu werden. Was sich tief im Menschen entsetzt, ist das dunkle Bewusstsein, in ihm sei etwas am Leben, was dem ekelerregenden Tiere so wenig fremd sei, dass es von ihm erkannt werden könne. – Aller Ekel ist ursprünglich Ekel vor dem Berühren."

Subversives Element in deutschen Wäldern

Er mag Pommes, Pizza, Süßes. Irgendwie menschlich, so ein Waschbär. Jäger und Naturschützer aber möchten den Einwanderer aus Amerika am liebsten loswerden. Dabei wäre es Zeit, sich an ihn zu gewöhnen.

Keiner mag Waschbären. Im Frankfurter Zoo sind sie abgeschafft. Im Forstamt Fasanerie Stadtwald „haben wir – Gott sei Dank! – keine", freuen sich die Forstleute. Fett ist er, faul und unverschämt. Ein richtiger Opportunist. Und damit hatten die Menschen schon immer ihre Probleme. Zu ähnlich ist er ihnen, dieser Allesfresser, Müllkippenräuber, Papierkorbplünderer, Eierdieb. Da hängt er vollgefressen in einer Astgabel und lässt sich die Morgensonne auf den Pelz brennen, ehe er schlafen geht. Nachts war er auf Achse.

Nun baumeln der buschige, braunweiß geringelte Schwanz und die Pfoten schlaff nach unten, die blanken Knopfaugen sind fest zugekniffen. Raccoon, Kratzhändchen, indianisch „aroughcun", „der mit den Händen kratzt", verdaut flauschig vor sich hin. Im dreieckigen Gesicht unter den runden Teddyohren trägt er die schwarze Banditenmaske, weiß abgesetzt wie das spitze Schnäuzchen.

Die Neubürger (Neozoen) in Europa sind Einwanderer aus Nordamerika. Sie gehören zur Familie der Kleinbären – erdgeschichtlich sehr viel älter als die der Großbären. Der Waschbär, zoologisch korrekt *Procyon lotor*, hat sich seit 70 Jahren auch in den Wäldern der Alten Welt häuslich eingerichtet. Schon daheim hatte er sich an fast alle Gegebenheiten gut angepasst und variiert mit 25 Unterarten, darunter auch Winzlinge, die sich auf den Inseln vor Florida und Mexiko ausgebreitet haben, und die mittelamerikanischen Krabbenwaschbären. *Procyon lotor* ist überall auf dem nordamerikanischen Kontinent zu Hause, von den tropischen

Mangrovenwäldern bis zu den Halbwüsten, von den Sümpfen Floridas bis nach Kanada.

Als Kulturfolger siedelt er in Parks, Vorstädten und auf Campingplätzen. Hauptsache, er hat Höhlen, Verstecke und einen Zugang zum Wasser. Er frisst so ziemlich alles: Insekten, Schnecken, Würmer, Alligatoreneier, kleine Fische und Vögel, Obst, Beeren, Nüsse. Das gefällt den Menschen einerseits, weil *Procyon lotor* angeblich in seinen Revieren gründlich mit Bisam- und Wanderratten aufräumt. Andererseits missfällt es ihnen, dass er auch Pizza und Pommes, Mais, Süßkartoffeln, junges Zuckerrohr und Obst frisst. Da, wo es warm ist, futtert er sich das ganze Jahr über durch. In kalten Gegenden frisst er sich im Herbst eine dicke Speckschicht an, von der er in der Winterruhe zehrt.

Trotz seines Namens – der Waschbär wäscht nicht. Er tastet. So „suchgreift" er sich seine Nahrung zusammen, statt sich anzuschleichen oder gar zu jagen. Das sieht sehr komisch aus, wenn er mit ausgestreckten Armen und gespreizten Fingern, den Blick wie abwesend in die Ferne gerichtet, im Wasser herumkramt. Oder wenn er sein Futter in den Händen herumrollt, um dessen Beschaffenheit zu prüfen, und es dann gründlich beschnuppert. Der Waschbär ist vorsichtig: Alles wird genau untersucht und erst dann langsam durchgekaut. Waschende Waschbären in den Zoos und Tiergehegen sind arme Viecher, Tiere, die den Instinkt, das Herumsuchen nach Nahrung im Trinknapf oder Wassertümpel als Übersprunghandlung simulieren, um gestaute Energie abzubauen. In freier Wildbahn wäscht kein Waschbär.

Ausgewachsene Waschbären sind wehrhaft und haben kaum Feinde, außer den Menschen. Amerikanische Pelzjäger fingen im 19. Jahrhundert jährlich eine Million Tiere. Waschbärfarmen, in Europa in den 20er- und 30er-Jahren des vergangenen Jahrhunderts entstanden, waren nicht die beste Geschäftsidee – der Import der Felle war billiger. Die dichten Pelze wurden zu Mänteln, Kragen und Autodecken verarbeitet. Waschbärfelle waren Wohlstandssymbol und Währung. 1788 wurden in den USA Parlamentarier mit ihnen entlohnt: pro Sitzungstag drei Felle.

Die Jagd auf Waschbären ist ein schwieriges, nächtliches Unterfangen. In den USA ist sie ein Volkssport: „Im Herbst durchstreifen die Jäger mit einer Meute abgerichteter Hunde, die Coon hounds genannt werden, die nächtlichen Wälder... Ein alter Waschbär versteht es, die Jagd lange hinauszuziehen und seine Haut teuer zu verkaufen", schrieb der Zoologe Bernhard Grzimek in seinem *Tierleben*. Er trickst, läuft auf der eigenen Spur zurück, wechselt springend von Baum zu Baum und versucht, durch Bachläufe zu entkommen. In Teich und Fluss erweist sich ein Waschbär als jedem Hund überlegen. Er versucht nämlich, den Kopf des Hundes unter Wasser zu drücken und ihn so zu ertränken. Auch mit Laternen lässt sich das nachtaktive Tier nicht aufstöbern. Es kneift seine Augen fest zu, damit sie das Licht nicht reflektieren, und presst sich flach an einen Baumstamm, unsichtbar für jeden Jäger.

Die ersten frei lebenden Waschbären in Europa waren 1929 Flüchtlinge aus einer Pelztierfarm in der Eifel. Sie verschwanden spurlos. Erfolgreicher waren vier Tiere, die 1934 in Oberhessen am Edersee von einem Förster ausgesetzt wurden, um die einheimische Fauna zu bereichern. Sie lösten heftige Diskussionen über Sinn oder Unsinn der Aktion aus. Der Tierhändler und Zoogründer Karl Hagenbeck warnte vor dem Schaden, Jäger an der Ahr lobten die Nützlichkeit der Tiere. „Sie leben hauptsächlich von Schnecken, Käfern und so, sonst von Waldfrüchten", sagt die Biologin Walburga Lutz.

Die Tiere am Edersee gediehen jedenfalls prächtig und breiteten sich nach Norden und Süden aus. Gleiches gilt für eine Gruppe, die am Ende des Zweiten Weltkriegs in Straussberg bei Berlin ausrückte. Dazu kamen Einzelexemplare, die als Maskottchen der US-amerikanischen Armee nach Deutschland eingereist waren. Schätzungen gehen mittlerweile von über 100 000 Tieren aus, die sich bis in die Niederlande, die Schweiz und Frankreich verbreitet haben.

In den letzten zehn Jahren schrien Jäger und Naturschützer gleichermaßen Zeter und Mordio gegen den kleinen Kerl. Die einen sahen in ihm eine Gefahr für das Niederwild, andere fanden ihn als

Jagdbeute enttäuschend – tags gar nicht, nachts kaum zu sehen. Dass das reinliche Tier mit festen Kotplätzen auch auf Hochsitze kackt, machte es nicht beliebter. Jäger und Bauern verfolgen es als „schlimmen Nesträuber", als Raubzeug und Ernteschädling. Puritanische Naturschützer wollen den Fremdling, Verfälscher der Fauna und Feind bedrohter Arten, ebenfalls wieder verschwinden sehen. Beide empfehlen die Jagd mit möglichst phantasievoll beköderten Fallen. Erst Honigbrot, dann Kopfschuss.

Ulf Hohmann, Biologe am Institut für Wildbiologie und Jagdkunde in Göttingen, findet „diese Fragen überholt". Der Waschbär gelte seit 1980 auch offiziell als einheimische Art: „Er gehört dazu. Den kriegen wir nicht mehr weg." Hohmann möchte aber „beide Seiten ernst nehmen". Sicher sei, dass Waschbären in Vogelpopulationen Schaden anrichten, wenn sie Nistkästen ausräumen. Natürliche, für den Räuber schwer zugängliche Baumhöhlen gibt es halt kaum noch: „Er macht auf unsere Sünden aufmerksam." Denn er lernt schnell. Und räumt ab, wenn zum Beispiel „an jedem fünften Baum am Wegrand in zwei Metern Höhe nach Osten ein Nistkasten hängt: Im natürlichen Eichenwald müsste er auf tausend Ästen suchen. Das lässt er gleich sein." Und geht lieber ins Mais- oder Erdbeerfeld.

Dass sich Waschbären zu einem guten Drittel und mehr, je nach Angebot, von Pflanzen ernähren, hatte Walburga Lutz schon 1981 herausgefunden. Das zweite Drittel besteht vor allem aus Kleingetier – Insekten, Käfern, Larven, Würmern. Der Rest wies den Waschbären als mäßigen Mäusefänger aus und im Winter weniger als Jäger denn als Sammler. Lutz stellte fest, „dass eine unmittelbare Gefährdung anderer Tierarten durch den Waschbären, sei es als Nahrungskonkurrent oder als Raubtier, nicht gegeben zu sein scheint".

Tricks bei der Nahrungssuche lernen junge Waschbären von ihren Eltern. Und in Gefangenschaft von den Verhaltensforschern, die deren Manipulierbarkeit bestaunen. US-amerikanische Wissenschaftler bauten eine Kiste, deren Deckel an Scharnieren befestigt war. Der Behälter wurde mit Futter beködert. Das hungrige Tier musste eine auf 24 anwachsende Zahl von miteinander in Verbindung stehenden Stabverschlüssen drücken, stoßen, heben, verschieben oder herausziehen, um den Deckel zu öffnen und zum Futter zu gelangen. Das Versuchstier schaffte es. Solche Fähigkeiten registrieren die Menschen mit gemischten Gefühlen: Respekt, aber auch Misstrauen.

Ulf Hohmann hat das Sozialverhalten der Waschbären im niedersächsischen Südsolling erforscht. Und das ist, stellte er fest, weitaus weniger einzelgängerisch als angenommen. Der Biologe entdeckte Waschbärweibchen, die in Gruppen mit ihren Töchtern zusammenleben. Und, weitaus überraschender, Männchengruppen: „Die sind die allersozialsten Tiere." Die Männchen seien überhaupt „sehr viel netter" als die Weibchen. Die nämlich würden leicht zickig.

Ähnliche Beobachtungen gelangen in letzter Zeit auch in der Waschbärenheimat Texas. Dort wurden Gruppen mit bis zu fünf Männchen beobachtet. Im Solling sind es meist zwei, nicht verwandt und nicht verschwägert, die miteinander umherziehen. Hohmann vermutet – nach längerem „Rätselraten" –, dass ihr Zusammenleben nichts mit Vorteilen beim Nahrungserwerb zu tun hat, sondern als Verbesserung der Reproduktionschancen für die einzelnen Männchen zu deuten ist. Die leben meist in größeren Revieren, die sich mit den kleineren von vier oder fünf Weibchen überschneiden. Und all die Waschbärinnen werden im Februar ranzig, also empfängnisbereit. Das ist Stress. Hohmann: „Das rechnet sich nicht für einen allein. Gemeinsam sind sie stärker."

Waschbären sind in den USA nicht nur Jagdbeute, sondern mittlerweile auch beliebte Haustiere. Ein Trend, der auch in Deutschland auszumachen ist und von Biologen mit Sorge gesehen wird. Hohmann: „Waschbären sind Wildtiere!" Sie können in Menschenobhut bis zu 22 Jahre alt werden. Zahme Waschbären sind stubenrein und gelten als „drollig, anschmiegsam, neugierig, unternehmungslustig und sehr zerstörungsfreudig".

Auch Pelztierzüchter sind des Lobes voll: „Er riecht nicht, hält sich sehr sauber und ist ein ruhiger und liebenswerter Geselle", schreibt Eberhard Hagemann. Und so „treten zu dem materiellen Gewinn die Freude an einem lebhaften, drolligen und sympathischen Tier". Zudem seien sie bei der Fütterung mit Abfällen „rentabel" und „ein ausgezeichnet schmeckender, wildartiger Braten, der allgemein als Delikatesse gilt", lobt der Pelzhändler weiter.

Walburga Lutz zieht ihr Fazit auch ohne Kochtopf: „Es ist müßig zu fragen, ob die Einbürgerung zu begrüßen ist oder zu verurteilen war, nachdem nahezu das gesamte Gebiet der Bundesrepublik besiedelt ist." Rückgängig sei da nichts mehr zu machen: „Wir sollten deshalb mit dem Waschbären leben wollen."

Hühner-, Brief- und Automarder

Marder machen es sich gemütlich in Zivilisationsnischen: Zurzeit bevorzugen sie Kühlerhauben der gehobenen Automarken.

In der Familie *Schroffenstein* des Heinrich von Kleist heißt es: „Niemand ist uns feindlich, als der Marder höchstens, der in unsere Hühnerställe bricht." Das *Grimmsche Wörterbuch* weiß auch, dass der Marder als Vorwand galt, wenn der Gastgeber ungebetene Besucher nicht bewirten wollte. Er erklärte einfach, der Marder habe am Abend zuvor den Hühnerstall geplündert. Das *Illustrierte Lexikon der Deutschen Umgangssprache* ist eines der wenigen Nachschlagewerke, in denen der Begriff „Automarder" zu finden ist, ein „Mann, der Autos aufbricht und ausraubt". Ende des 19. Jahrhunderts musste das schlanke Raubtier für allerlei Kleinkriminelles herhalten. Da gab es den „Paletotmarder", der in Gasthäusern an der Garderobe abgelegte Überzieher entwendete, und den „Briefmarder", einen ungetreuen Postbeamten, der Briefe unterschlug und die Freimarken klaute.

So viele menschliche Vorurteile scheinen den wahren, den echten Mardern zu lange in den pelzigen Ohren geklungen zu haben.

Vor nunmehr 20 Jahren begannen sie öffentlich, ihrem vorauseilend marodierenden Ruf hinterherzuhetzen. Sie fielen über Autos her und riefen mit diesem Tun erst einmal ungläubiges Gelächter und den Verdacht hervor, automardernde Marder seien in Wirklichkeit Zeitungsenten. 1979 aber berichteten erst Schweizer, dann auch bundesdeutsche und österreichische Publikationen von Autobesitzern, die zerbissenen, zerknabberten Kabelsalat unter der Kühlerhaube zu beklagen hatten. Fachblätter äußerten sich spöttisch. So mutmaßte der Autor Reginald Huber in der Jagdzeitung *Die Pirsch*, dass die vermeintlichen Übeltäter, die Marder, möglicherweise Ausgeburten der Phantasie seien und sich als schlichte Ratten entpuppen könnten.

Die Autoindustrie raufte sich wegen zahlreicher, maliziöser, Knoblauch und Mottenkugeln als Gegenmittel empfehlender Berichte die Haare. Herr Schmidt, bei Audi zuständig für die Marder, erfuhr, dass, wer den Schaden hatte, für den Spott nicht zu sorgen brauchte. Deshalb war er bei Anfragen der Presse in Sachen Automarder zuerst einmal verhalten misstrauisch. Da habe, berichtete er empört, nämlich jemand der Reihe zahlloser Geheimrezepturen einen ganz und gar gemeinen Rat hinzugefügt. Die Kunden sollten, sei geschrieben worden, „lieber japanische Autos kaufen. Deren Gummi mögen die Tierchen nämlich nicht.“ Das schmerzte. Die Konzerne Audi und Daimler zogen die Konsequenz. Sie bezahlten ab 1985 ein Team von Wissenschaftlern des „Arbeitskreises Wildbiologie und Jagdwissenschaften“ an der Gießener Justus-Liebig-Universität. Doktor- und Diplomarbeiten wurden geschrieben, um die Motive der Marder herauszufinden. Warum steigen die nachtaktiven Kulturfolger, die schon im Mittelalter Scheunen, Heustadel und Holzlager in Menschennähe besiedelten, in Autos ein und zerbeißen Bremsschläuche, Kabel, Benzinleitungen, kurz alles, was unter der Kühlerhaube eines Autos untergebracht ist und aus Gummi oder Plastik besteht? So der Forschungsauftrag. Und wie können sie daran gehindert werden, damit die einheimische Autoindustrie nicht einerseits auf den Hund oder, andererseits, in den Ruch der Tierfeindlichkeit kommt?

Diesem Umstand verdankt Trixie ihr Luxusleben. Sie ist eine Schönheit, wenn auch eine leicht ungehaltene. Die stattliche Steinmarderin ist aus ihrer Schlafkiste aufgestört worden und schnüffelt sich durch einen großen Reisighaufen. Flüchtig sind ihre spitzen Ohren, eine Knopfnase im Dreiecksgesicht, zwei blitzende Augen, der schokoladensahnefarbene Pelz, ein buschiger Schwanz und der schneeweiße Kehlfleck zu sehen. Dann entschwindet sie lässig mit sprunghaft leichter Wellenbewegung durch ein Loch im Dachgebälk. Trixie lebt mit 20 Artgenossen in einem 450 Quadratmeter großen Gehege. Das Gelände ist verborgen hinter zwei braunen Holzbaracken mit grünen Fichten vor der Tür, die sich zwischen den Universitätshochhäusern auf der platten Wiese oberhalb Gießens recht anachronistisch ausnehmen. Die Tiere werden fürstlich versorgt. Sie können durch Strohballen toben, sich unter Reisig verstecken, zwischen den verschiedensten Schlafplätzen wählen, durchs Dachgeschoss klettern, zwischen Säcken untertauchen und an Seilen hangeln. Die Futternäpfe der Steinmarder aus der Familie der Iltisse, Hermeline, Nerze, Otter und Dachse sind im Dienste der Industrie immer gut gefüllt, nie sollen sie Hunger leiden.

Dass die Geschichte von dem japanischen Gummi Unsinn ist, das hat der Leiter des Forschungsprojektes, Karl Kugelschafter, nach vier Jahren immerhin herausbekommen. Die Marder zerrupfen unterschiedslos die Kabel eines jeden Herstellungslandes. Und sie bevorzugen eben nicht die kleinen Asiaten, sondern die großen Schlitten. Warum? Mehr Platz haben sie darin, mehr Kabel und eben das, was sie in der Natur als angestammten Lebensraum bevorzugen und oft genug nicht mehr finden, nämlich „Bereiche mit hohem Strukturreichtum, reichen Requisiten, einer hohen Diversität“. Was heißt, sie mögen Gebüsch, Gestrüpp, abgebrochene Äste und Baumstämme und ein gewisses Durcheinander. Der Motorraum, meint Kugelschafter lapidar, „fällt in diese Kategorie“.

Warum aber machen sie sich so besonders gründlich über die Autoelektrik und -elektronik her? Keinesfalls, meint Kugelschafter, stimmen die Vermutungen, dass sie überhaupt Gummi oder gar dessen Duft mögen. Allerdings fressen sie ziemlich viel und so ziemlich alles, was verdaulich ist. Sie sind hyperaktiv und haben deshalb einen hohen Grundumsatz. Sie müssen bei ein bis zwei Kilogramm Eigengewicht pro Nacht rund 250 Gramm Nahrung verputzen. Die sammeln sie sich als „ökologische Kleinkrämer“ zusammen: Beeren, Würmer, Schnecken und ab und zu eine Maus gehören zum Speiseplan. Zahme Marder verschmähen auch „ein Ripple“ Schokolade nicht. Das Zerbeißen der Kabel hat auch nichts Spielerisches, sondern ist Überlebensstrategie beim Suchen und Sammeln, „exploratives Bebeißen im Dienst des Nahrungserwerbs“. So drücken das Forscher nun einmal aus. Neuere Ergebnisse der Marderforschung brachten außerdem an den Tag, dass Marder durch den Duft ihrer Artgenossen angelockt werden. Wenn einmal ein Marder so eine gemütliche Tagesschlafhöhle unter der Kühlerhaube entdeckt und wieder verlassen hat, findet er garantiert Nachfolger. Und die wüten umso mehr, weil sie den Geruch des Konkurrenten überdecken wollen.

Die elektronische Kontrolle der Marder, deren nächtliche Wege durch das Gehege, durch Äste, Kisten und Kästen aufgezeichnet werden, bedurfte eines eigenen Computerprogramms und – vor allem – perfekt abgesicherter Leitungen. Denn die Marder knabberten auch diese mit Begeisterung an. Dann stand für das Team fest: Die Kombination von Suche nach einem sicheren Versteck und Probierbeißen brachte die Marder unter die Kühlerhauben. Das Forschungsteam schritt zum Abwehrkampf und versuchte zuerst, sich den hohen Sicherheitsanspruch der Marder an ihre Behausung zunutze zu machen, das „Meideverhalten“. Die Marder reagierten auf Veränderungen ihres Lieblingsaufenthaltes unterschiedlich. Manche mieden ihn lange oder für immer. Andere näherten sich nach und nach wieder an und gewöhnten sich an Veränderungen, jüngere Marder eher als ältere. Da halfen weder Geruchsstoffe noch Blinklämpchen, weder Geräusche noch Ultraschall. Ein anderes Forschungsergebnis war erfolgversprechender: Marder mögen das „Weidezaunprinzip“ nicht. Eine Elektrosicherung hält sie auf Dauer fern. Die finden sie zum Abgewöhnen. Kugelschafter: „Sie nähern sich bis Null an. Dann kitzelt sie die elektrostatische Aufladung und sie werden immer wieder abgeschreckt.“ So richtig scheint das aber auch nicht zu funktionieren. Im März 2002 widmete sich der Automobilclub Deutschland wieder dem Problem. Er verwarf auch eine neue Abschreckungsmethode: Hundehaare. Stattdessen riet er zum Basteln eines zehn Zentimeter hohen Holzrahmens unter dem Motorraum, bespannt mit Maschendraht. Auf dem, versprach er hoffnungsfroh, würden die Marder „nicht gerne laufen“.

Kugelschafter macht sich Sorgen über die Vorurteile, mit denen die Menschen den Mardern heutzutage immer wieder begegnen. Die Tiere, die Anfang der 50er-Jahre wegen ihres in den USA begehrten Fells in Deutschland fast ausgerottet waren, haben sich seither wieder kräftig vermehrt. Als einziger Marder-Spezialist der Region wird er oft um Rat gefragt, vor allem dann, wenn Marder sich in der Zivilisation nicht nur unter Autohauben einrichten. Sie verkriechen sich auch gern in Hohlräumen von Neubauten, vor allem, wenn diese in Bungalowsiedlungen am Waldrand stehen. Dann muss Kugelschafter her und die Leute beruhigen, die in dem ungebetenen Schlafgast die Bestie wittern. Dann bekommt er zu hören, niemand in der Siedlung wage es mehr, ein Fenster offen stehen zu lassen. Durch das könne schließlich der Marder einsteigen und den kleinen Kindern die Kehlen durchbeißen. Selbst bei der Feuerwehr im mittelhessischen Friedberg musste er einmal die Gemüter beruhigen und immer wieder versichern, dass der Marder an sich keine blutrünstige Bestie sei. Solche Ängste gehören in das Reich der Phantasie. Kugelschafter verteidigt seine auch als Krankheitsüberträger gefürchteten Marder als reinlich und harmlos, es sei denn, sie gerieten in einen überfüllten Hühnerstall. Das Flattern der Hennen auf engem Raum ohne Fluchtmöglichkeit regt ihren Beißtrieb an und macht sie so eher versehentlich zu den berüchtigten, blutrünstigen Fabelwesen. Wenn das Federvieh, so Kugelschafter – dem Marder als Beutetier eigentlich ohnehin zu groß – einfach friedlich auf der Stange sitzen bliebe, würde ihm gar nichts passieren. Dann würde sich der Eindringling mit einem gestohlenen Ei zufrieden geben. Nur wissen das die Hühner nicht.

Papageien! Kreisch!

Papageien sind in Deutschland zur einheimischen Art geworden. Aber das exotische Federvieh hat einen miesen Ruf. Manch ein Exemplar landet da schon mal in der Tiefkühltruhe eines vogelgeplagten Rentners.

Das Männchen sitzt auf einem Platanenast, trippelt, streckt erst ein Beinchen ab, dann das andere, trippelt wieder und fällt dabei vor Aufregung fast vom Baum. Das Weibchen hält den Kopf schräg und guckt skeptisch. Er beknabbert ihren Kopf. Das Hochzeitsgeschenk wird endlich angenommen und wechselt von seinem in ihren leuchtend roten Schnabel. Das war im Winter. Das Weibchen bestimmte nach der Partnerwahl auch die Auswahl des Nistplatzes. Die Ergebnisse des Hochzeitstanzes strecken erst in den ersten Maiwochen ihre kahlen Köpfchen aus den Nestern. Im März haben die Weibchen zwei bis sechs Eier gelegt, die sie allein bebrüten. Das Männchen schafft während dieser Zeit das Futter für seine Partnerin heran. Die Jungen fliegen bis zum Juni aus. Die grünen Vögel sind in den Blätterkronen der hohen Platanen des Biebricher Schlossparks in Wiesbaden im Frühjahr nur noch schwer zu erkennen, dafür umso besser zu hören. Papageien kreischen.

Frei lebende Papageienkolonien sind in der Bundesrepublik keine Seltenheit mehr. Der Vogelfreund und Fotograf Dieter Zingel hat ihre Entstehung zusammen mit seiner Frau Hilla seit 1974 beobachtet. Zu Hause sind die grellgrünen Halsbandsittiche eigentlich in vier Unterarten in Afrika und Asien. Einem ersten Bericht über ein Pärchen, das in der Nähe eines Wiesbadener Schwimmbades brütete, hatte Zingel nicht getraut und vermutet, es handele sich vielleicht um eine Verwechslung mit Grünspechten. Im Winter sah er das Pärchen dann selbst herumfliegen und entdeckte es im Januar im Schlosspark wieder. Er identifizierte es als die Unterart *Psittacula krameri manillensis.* Eine Überlebenschance gab er den Tieren, die er bereits von seinen Besuchen in Sri Lanka gut kannte, damals nicht. Im März brüteten die beiden dann in zwölf Metern Höhe in einer alten Spechthöhle. Sie waren nicht beringt.

Dies, so Zingel, ließ darauf schließen, dass schon die beiden Neusiedler im Park aus einer Brut in Freiheit stammten. Später entdeckte er einige wenige beringte Vögel, die entweder schon zu der ersten Population im Park beigetragen hatten oder aber später aus ihren Käfigen entwischt sein konnten. Erst nach seiner Entdeckung erfuhr Zingel, dass die Zuwanderer möglicherweise aus einer bereits seit Anfang der 70er-Jahre bestehenden kleinen Kolonie in Köln stammen könnten und vermutlich den Rhein entlang flussaufwärts eingewandert waren. Kurzfristig gab es auch eine Dependance im benachbarten Mainz, die sich aber nicht halten konnte.

Entwischte Halsbandsittiche hatten sich bereits in den 30er-Jahren in England vermehrt. Kolonien sind heute außerdem aus den Niederlanden, aus Belgien, dem westfälischen Beverungen und aus Hamburg bekannt. Die Wiesbadener Kolonie hat sich seit 1975 langsam, aber stetig auf inzwischen mehrere hundert Tiere vergrößert. Zingel schätzte den Bestand 2001 auf rund 500 Vögel. Dass die Tiere in Mitteleuropa gut über den Winter kommen, hat zuerst auch Experten verblüfft. Allerdings ist die Art auch in den südindischen Bergen zu Hause und dort an Frost gewöhnt. Zingel listete nicht nur die Bestände auf, sondern beobachtete das Verhalten der Tiere 25 Jahre lang. Sie sind, stellte er fest, relativ standorttreu und streifen in Familienverbänden durch die nähere Umgebung, ziehen in Schwärmen meist entlang der Flussauen, durch Kleingärten und Parkanlagen.

Halsbandsittiche sind vorwiegend Vegetarier. Sie fressen im Frühjahr Knospen, Triebe, Blätter, knabbern an Blüten, finden im Sommer und Herbst Früchte und Samen. Mit ihrer Nahrung gehen sie verschwenderisch und geschmäcklerisch um, lassen die Hälfte einfach fallen. Hin und wieder fressen sie Insekten und Schnecken.

Im Winter machen sie sich auch über das Nahrungsangebot in Futterhäuschen und über Meisenknödel her. Die einheimischen Raubvögel, die bisher schon manchen entfleuchten Wellensittich verspeisten, haben ihrerseits die neue Nahrungsquelle entdeckt und angefangen, sich auf die bunte Beute einzustellen. Habichte, Sperber, Milane, Wanderfalken, Waldkäuze fangen vor allem Jungvögel und Einzelexemplare. An den Schwarm trauen sie sich nicht heran, denn erwachsene Papageien reagieren auf Feinde ähnlich wie Rabenvögel – mit wütenden Gemeinschaftsattacken und Verfolgungsjagden.

Papageien sind Höhlenbrüter und nutzen alte Specht- und natürliche Baumhöhlen als Nistplätze. Dass sie diese einheimischen Vogelarten nicht abspenstig machen, zeigte die Langzeitbeobachtung von Dieter Zingel deutlich. Sie lockten im Gegenteil andere Vogelarten in den Biebricher Schlosspark. Stare, Dohlen, sogar Bienen nutzten die Gelegenheit und verdrängten die Halsbandsittiche aus den wiederbelebten und neu angelegten Höhlen. Die Sittiche kämpfen untereinander zwar heftig um ihren Brutplatz, geben bei anderen Arten aber sehr schnell auf. Zingel beobachtete, dass sie sogar einer kleinen Blaumeise Platz machten.

Die Gemeinschaftsschlafplätze der Sittiche während der Brutzeit werden von den Vogelschützern geheim gehalten. Denn schnell sind ihnen Menschen zum Feind geworden. Im Winter 1989 wurden sie in einer nicht genehmigten Aktion von Jägern abgeschossen, die die einheimische Fauna bedroht wähnten. Zingel: „Leider werden derart wahnwitzige Behauptungen von manchen Zeitgenossen nur allzu gern aufgenommen und weiter verbreitet.“ Seither wechseln die Vögel, die den ersten Platz 14 Jahre lang ungestört genutzt hatten, ihre Schlafbäume in immer kürzeren Abständen.

Auch in ihrer indischen Heimat gelten die Vögel als Plage, weil sie in Riesenschwärmen mit Tausenden von Tieren über Getreide- und Reisfelder und über Dreschplätze herfallen. Diese Gefahr, so Zingel, bestehe in Deutschland nicht. Die Vögel nehmen bisher weder den Menschen noch anderen Tieren die Nahrung weg, verdrängen einheimische Vögel nicht von ihren Brutplätzen und sind auch noch nie in den umliegenden Weinbergen gesichtet worden. Wiesbadens Parks und Grünanlagen sind für sie eine botanische Insel, auf der sie bleiben müssen, weil die deutschen Wälder in ihrer monokulturellen Struktur ihnen zu wenig Nahrung bieten. In der Bundesrepublik haben die selbsternannten Naturschützer mit ihrer Abschussaktion gegen das Bundesnaturschutzgesetz verstoßen. Danach gelten die Halsbandsittiche inzwischen als einheimische Art, da sie sich „in freier Natur und ohne menschliche Hilfe" über mehrere Generationen hinweg erhalten haben (§20a, Bundesnaturschutzgesetz).

Unbehelligt können Halsbandsittiche bis zu 60 Jahre alt werden. Damit sterben sie für Papageien relativ jung. Der Zoologe Bernhard Grzimek berichtete von einem Nasenkakadu, der 1958 im Londoner Zoo im gesegneten Alter von 106 Jahren starb. Ein Gelbhaubenkakadu soll sogar 120 Jahre alt geworden sein. Papageien lebten, berichtete der US-amerikanische Wissenschaftler Thomas Stidham 1998 in der Fachzeitschrift *Nature*, schon in der Kreidezeit. Er entdeckte im Bundesstaat Wyoming den 70 Millionen Jahre alten Unterkiefer eines Loris. Bisher hatte es aus dieser Epoche nur Funde von Wasservögeln gegeben. Der Lori-Fund sei der erste Hinweis darauf, dass zu Zeiten der letzten Saurier auch schon Landvögel durch die Farn- und Sumpfzypressenwälder flogen. In Persien wurden Papageien bereits im 5. Jahrhundert unserer Zeitrechnung dargestellt. Sie gelangten über Alexandria aus Indien nach Griechenland und Rom, zierten Papstpaläste und mittelalterliche Fürstenhöfe. Die Einfuhr der meisten Arten ist heutzutage durch das Artenschutzabkommen verboten. Nachgezüchtete Tiere benötigen die entsprechenden Papiere. Einzel- und Käfighaltung der geselligen Vögel ist als Tierquälerei erkannt. Dennoch erzielen Wildfänge seltener Arten auf dem schwarzen Markt noch immer Höchstpreise.

Frei lebende Papageien in Parks, von den einen als Bereicherung empfunden, sind anderen ein Dorn im Auge. Der Tierklassiker Alfred Brehm nannte sie verächtlich „gefiederte Affen". Lexika zum Ende des 19. Jahrhunderts beschreiben sie als „listig, gefräßig und zudringlich", „arge Schreier und Nager". In Bad Cannstatt wurde im Sommer 1998 ein 69-jähriger Rentner dingfest gemacht, der versucht hatte, mit seinem Luftgewehr eine in der Nähe des Tierparks Wilhelma lebende Doppelgelbkopfamazonen-Kolonie zu dezimieren. Ein angeschossener Vogel konnte gerettet werden, einen zweiten fand man in der Tiefkühltruhe des Senioren. Die Tiere seien, sagte er aus tiefster Überzeugung, „Faunenverfälscher". Er wurde angezeigt. Im Gegenzug machte er die Leitung der Wilhelma verantwortlich für die Kolonie und erstattete seinerseits Anzeige, weil er die lärmenden Papageien als „Plage" empfinde.

Die Wilhelma aber kann gar nichts für die Vögel. In Stuttgart ist die erste frei lebende Amazone nach Angaben des Naturschutzbundes (Nabu) bereits 1984 gesichtet worden. Einen Partner ebenfalls unbekannter Herkunft fand sie zwei Jahre später. Die Tiere vermehrten sich, fliegen seit Jahren bis in die Stuttgarter Innenstadt und werden seit 1996 manchmal von Halsband- und Alexandersittichen begleitet. Die Amazonen, die in ihrer mittelamerikanischen Heimat bedroht sind, überstehen den Winter. Sie fressen sich eine Speckschicht an und übernachten geschützt in Häusernischen und über Luftschächten.

In Wiesbaden verschwanden 1994 rund 50 Prozent der Halsbandsittiche aus bisher ungeklärten Gründen. Dieter Zingel vermutet die Abwanderung eines Teils der Kolonie. Mittlerweile sind auch in anderen Stadtteilen einzelne Brutpaare gesichtet worden. Im Biebricher Schlosspark haben sich inzwischen auch größere Verwandte, die Alexandersittiche *(Psittacula eupatria)* angesiedelt. Dazu kommen weitere Arten im Stadtgebiet: Gelbscheitel- und Rotbugamazonen, Guayaquilsittiche, Mohrenkopf- und Graupapageien, Wellen- und Nymphensittiche. Östlich von Wiesbaden bauen südamerikanische Mönchssittiche ihre in der Papageienfamilie einzigartigen Gesellschaftsnester. Ausgebüxte Papageien vermehren sich auch im Osten Spaniens. Dort sind sie allerdings nicht nur Opfer von Raubvögeln und schießwütigen Jägern und Rentnern, sondern werden auch von Ferienhausbesitzern wegen des

Lärms vertrieben oder von professionellen Nesträubern dezimiert. In manchen Gegenden haben sie sich in der Nähe von Müllkippen angesiedelt. Ganz anders die Wiesbadener Vögel. Sie leben luxurios, locken jedes Frühjahr mit Ferngläsern bewaffnete Vogelfreunde in den Schlosspark. Papageienfans füttern sie, obwohl die gelehrigen Opportunisten das eigentlich gar nicht nötig hätten.

Und dass unter den Platanen alljährlich zur Brutzeit die menschliche Hautevolee zum traditionellen Pfingst-Reiterfestival lädt, lässt die Vögel – trotz Lärm, Musik, Geschrei – bisher völlig kalt.

Die gute Natur

Heutzutage liebt der Mensch des westlichen Kulturkreises sein Tier. Ob diesem das gut bekommt, sei dahingestellt. Die ménage(rien), Tiersammlungen der Fürsten und Könige, gehörten zum Hof. Die älteste entstand um das Schloss Schönbrunn in Wien. Die dorthin verbrachten Tiere sollten irgend heimisch wirken. Inmitten künstlicher Ruinen ließ sich gut lustwandeln. Wenn auch die Gitterkäfige das schöne Bild etwas gestört haben, so mögen sie doch auch beruhigend gewesen sein: Die gezähmte, exotische Natur war sicher verwahrt. Die Tiergärten waren größer dimensioniert als die Tiersammlungen, gleichzeitig auch Landschaftsgärten, in denen größere Herden nur weniger Arten vermeintlich frei lebten und manchmal auch bequem gejagt werden konnten. Die ersten Zoologischen Gärten sollten dann weniger dem Vergnügen dienen. Sie hatten den Anspruch der Aufklärung und Bildung und zeigten viele Tiere auf kleinem Raum. Sie waren bis ins 20. Jahrhundert hinein beileibe nicht nur den Tieren vorbehalten. Auch der Mensch wurde ausgestellt. Die gute Natur wurde dem staunenden, sich selbst umso mehr als zivilisiert empfindenden Publikum in Gestalt des edlen Wilden und anderer Abnormitäten präsentiert. Indianer- und Afrika-Schauen zeigten „echte Neger“ im Kral, Hottentotten beim Tanz. In Frankfurt starrten die Besucher eine behaarte Frau an, die als missing link zwischen Mensch und Tier offeriert wurde. Letzte Kontroverse war anlässlich der Olympiade in Barcelona der Streit um die Entfernung eines ausgestopften Mohren aus dem Heimatmuseum am spanischen Banyola-See. Der Jahrmarkt ist noch nicht vorbei. Der Berliner Buchautor Michael Rutschky schrieb in der *tageszeitung* vom 4. August 2001: „Was die Tierwelt angeht, so gelten die folgenden Unterscheidungen: Wirklich als Repräsentanten der numinosen Natur können nur ungezähmte Tiere gelten, die von den Menschen entfernt in Freiheit leben. Alle anderen sind eigentlich keine richtigen Tiere – wobei es trotzdem zu feinen Abstufungen und Ausnahmeregelungen kommen kann. So zählt der sinnlos an seinem Gitter entlangstreifende Panther im Zoo noch zur numinosen Natur; aber als Gefangener, der die Wundmale dieser Gefangenschaft darstellt." Das mag so gewesen sein, als die numinose, die unberührte Natur, noch eine solche und somit dem Menschen feindlich und bedrohlich war. Doch weder das Paradies, in dem das Schaf beim Löwen liegt, noch der im Überlebenskampf der Wildnis ausgelieferte Mensch entsprechen auch nur entfernt irgend einer heutigen Realität. Nur die Sehnsucht nach beidem bleibt, die eine als die nach dem Biotop, die andere als Verlangen nach dem Abenteuer Wildnis, der Natur, die bezwungen werden will: der gefangene Panther aber steht trotz seiner unbestritten auch eingesperrt latenten Gefährlichkeit in seiner Präsentation im modernen Zoo weniger für das Leid der bezwungenen Natur, als für das neue Paradies der lebensnah nachempfundenen, zeitgeistgemäßen Tierpanoramen. Auch im Safari-Park, bodenständiger Reflex auf den Tourismus, begegnen die Menschen dem Tier auf kurze Distanz Auge in Auge – durch die Windschutzscheibe hindurch. Wie schon an den Fürstenhöfen dienen die Insassen vor allem dem Freizeitvergnügen: Die Bestie ist heimgeholt aus der Fremde.

Der Zoo simuliert Natur. Immer mehr Tiergärten ändern ihr Gesicht, passen sich dem Publikumsgeschmack an und nehmen dabei gleichzeitig für sich in Anspruch, es den Tieren besser gehen zu lassen. Die Natur wird ebenso in Schneekugeln gleichende Räume geholt wie ihre Bewohner. Mitgeschöpfe werden in einer künstlichen Mitwelt dargeboten. Savannen, Regenwälder, Eismeere, Feuchtbiotope und Korallenriffe werden mit hohem technischem Aufwand nachempfunden. Die Menschen dürfen dann in die heile Welt hineinsehen, deren äußerer Schein oft so viel schöner ist als die Wirklichkeit der auf- und ausgeräumten Landschaften, abgeholzten Wälder, vergifteten Gewässer, der Müllkippen und Ölraffinerien, der Pipelines noch in den verlassensten Gegenden der Welt. Natur im Urzustand, also ohne Veränderungen durch die Menschen, ist auch im hintersten Winkel kaum noch zu finden.

Nur hoffnungslose Romantiker können die schroffen, lebensfeindlichen Galapagos-Inseln heutzutage noch ein Paradies nennen. Die jahrtausendelange Unberührtheit macht die Heimat der Riesenschildkröten und Meeresechsen nicht wirtlicher. Jene ist längst dahin, denn auch auf den Galapagos wollen die Menschen überleben. Da nützt es nichts, dass 97 Prozent der Inseln als Naturschutzgebiet ausgewiesen sind. 60 000 statt der von der Regierung Ecuadors zugelassenen 30 000 Touristen werden laut neuester Schätzungen derzeit jährlich zu den tierischen Attraktionen im entwicklungsgeschichtlichen Freilichtmuseum geschleust, die Müllentsorgung ist rudimentär. Rund um die Inseln suchen die Menschen ihr Auskommen durch das Abfischen der in Feinschmeckerlokalen begehrten Seegurken. Die Folgen sind abzusehen.

Dass Gemeinnutz vor Eigennutz ginge, kann die Spezies Mensch für sich nicht einmal dann in Anspruch nehmen, wenn es sich bei den Exemplaren um ausgewiesene Natur- und Artenschützer handelt. Zu oft war in den letzten Jahren das Argument zu hören, wer anderen Lebewesen schade, schade schlussendlich auch sich selbst als Gattungswesen. Da war viel die Rede von der noch verborgenen Naturapotheke im Regenwald, versehen mit der unterschwelligen Mahnung, der Mensch könne sich durch Abholzen und Brandrodung möglicherweise gar um ein bisher unentdecktes Allheilmittel gegen den Krebs bringen. Von der Natur lasse sich lernen, sagten schlitzohrige Naturschützer ebenfalls und nutzten die Kategorie der Verwertbarkeit. Die Natur zu schützen sei dem Menschen nützlich, weil er alles, was da wachse, kreuche und fleuche, ja irgendwann noch einmal brauchen könnte. Vom Geheimnis des haltbaren Spinnenfadens bis zur wasserschnittigen Aerodynamik der Haifischhaut, von der erstaunlichen Stabilität des Wespennestes, das als Vorbild „evolutionäres Denken" der Architekten anregen soll, bis zur genialen Ventilation in Termitenbauten, alles das könnte sich doch irgendwie verwenden lassen. Meist für das Militär. In dessen Dienst experimentieren US-Wissenschaftler in Berkeley und schaffen eine zweite Natur. Sie lernen von den Stubenfliegen. Kunstfliegen sollen als Luftspione über feindliches Gelände fliegen können. Im australischen Sydney lebt der silberne Roboterhund Pixel, dessen Frauchen ihm artgerecht hündisches Verhalten beibringt. Auf den Rücken werfen, kraulen lassen. Pixels unbestrittener Vorteil: Er ist absolut stubenrein. Wo die gute Natur zu lästig, unreinlich, nicht pflegeleicht genug ist, erfinden die Menschen sich ihre Tiere ohnehin längst selbst. Godzilla, King Kong, E.T. im Spielfilm, Postproduction im Naturfilm, das japanische Streichel-Elektronik-Ei Tamagotchi im Kinderzimmer waren möglicherweise nur die medialen Vorläufer von Klon-Schaf Dolly und „CeCe", der CopyCat.

Sei's drum. Dass Zoos die modernen Archen Noahs seien, ist oft und immer wieder gesagt worden. Das mag so falsch nicht sein, solange die Menschheit nach dem Motto lebt: Nach mir die Sintflut. Was aber nützen Arterhaltung durch Zucht, teure Auswilderungsprogramme, wenn das Mitgeschöpf Tier in der Mitwelt ausgerechnet von denen geschützt wird, vor denen es geschützt werden muss? Im finnischen Lappland ist der Gedanke des Zoos in aller Konsequenz auf die Spitze getrieben. In Ranua, 80 Kilometer südlich der Stadt Rovaniemi, leben die Tiere drinnen genauso wie draußen. Es werden in riesigen, naturbelassenen Freigehegen nur einheimische Arten gezeigt. Die Zuschauer wandern über Holzstege und blicken von oben auf die versammelte Fauna ihrer Heimat. Der Zaun, der die Gehege von der optisch identischen Freiheit trennt, entbehrt nicht der Komik. In freier Wildbahn sind junge Elche auch in Finnland nichts als ein ernst zu nehmendes Verkehrshindernis und gelten als größte Gefahr im Straßenverkehr. Nur der Zaun garantiert – wenn auch nur für die Besucher – die Illusion von Freiheit.

Löwenschwemmen und Bärengreise

Tierpfleger verlangen eine Aufwertung ihres Berufs. Zoopädagogen entwerfen Beschäftigungsprogramme für Tiere und deren artgerechte Gruppenhaltung und entwickeln Konzepte für Affenherden und Sumatra-Tiger.

Sein T-Shirt ist bunt und natürlich mit Tieren bedruckt. Carsten Knott ist Tierpfleger im Frankfurter Zoo und kennt seinen Spitznamen. „Karton-Knott" nennen ihn seine Kollegen. Oder auch den, „der immer überall Unordnung macht und alles durcheinander bringt". Das tut er aus Überzeugung. Seit Jahren ist er als Springer eingesetzt und macht sich so seine eigenen Gedanken über die allgemeine Langeweile und die der Tiere in Zoos im Besonderen. Und dann müssen sich, wenn Carsten Knott mal wieder bei ihnen Dienst hatte, die Affen eben ihr Futter aus an den Enden zusammengebunden Gartenschläuchen pulen oder es unter Kartons hervorkramen. Dabei entdeckte er, dass die klugen Schimpansen den Gartenschläuchen gegenüber ratlos sind, die Orang-Utans sie aber flink entknoten können. Und die Raubkatzen kommen auch nicht mehr so leicht zu ihrem Fleisch. Das hängt nämlich auf einmal an einem Strick hoch oben im Gehege und muss mühsam erangelt werden.

Carsten Knott nennt sich selbst „ein bisschen zooverrückt". Er „sammelt" Zoos regelrecht, hat sie schon überall in der Welt besucht und mit den deutschen Einrichtungen verglichen. In Vorträgen berichtet er darüber. Er ist kein Zoo-Gegner, aber ein gründlicher Kritiker. In Deutschland bemängelt er zum Beispiel die strenge Reglementierung der Ausbildung, die ihm zu wenig qualifiziert ist. Dadurch, sagt er ganz höflich, „leidet die Zusammenarbeit". Was er damit meint, lässt sich nur vermuten. Kollegen klagen jedenfalls darüber, dass die Experten, die ForscherInnen und Gelehrten den Vorschlägen der Tierpfleger, die täglich mit ihren Schützlingen umgehen, viel zu wenig Beachtung und Gehör schenken. Ein Zusammenschluss der Tierpfleger trifft sich seit einigen Jahren regelmäßig. Dass viele Zoos veraltet, wenn nicht gar tierfeindlich sind, wissen sie. Das „Guckkastenprinzip" des 19. Jahrhunderts ist ihnen ein Gräuel. Vom bloßen Betrachten der Tiere könne absolut gar nichts über sie gelernt werden: „Die Leute wissen doch, wie ein Elefant aussieht." Wer heutzutage Tiere gegen Eintritt zur Schau stellt, muss mehr tun, um vor ihren Augen bestehen und das Einsperren von Tieren rechtfertigen zu können. Knott: „Die Menschen müssen etwas über die natürliche Lebensweise, über das Gruppenverhalten der Tiere erfahren können."

Diesem Anspruch hat sich zum Beispiel seit langem der Zoo im holländischen Emmen verpflichtet, von dem der Bärenpfleger Siegfried Kranemann regelrecht schwärmt. Emmen hat sich unter anderem der umstrittenen Elefantenhaltung verschrieben. Nur dass dort alles ganz anders ist. Die Elefanten sind weder Wildfänge noch im Zoo geboren. Sie stammen aus Birma, sind dort als Arbeitselefanten eingesetzt gewesen. Und sie tun in Emmen zusammen mit ihren Mahouts nichts anderes. Die Besucher sind begeistert. Sie können zugucken, wie asiatische Arbeitselefanten lernen, wie sie leben und was sie alles können, die dazugehörigen Geräte betrachten, Informationstafeln lesen und Filme über afrikanische Elefanten sehen.

Manche Zoos versuchen, die Menschen das Sehen aus der Perspektive der Tiere zu lehren. In Cincinnati in den USA führt ein Tunnel für Menschenkinder durch einen Präriehund-Bau und ein Periskop zeigt den Blickwinkel der Giraffen. „Das ist", so Siegfried Kranemann, „Schule, ohne es zu merken, nicht langweilig und nicht belehrend."

Zusammenschlüsse von Anhängern moderner Tierhaltung und -pflege gibt es in den USA schon seit 1968, in England seit 1974 und in Holland seit 1978. „Hier", sagt eine Tierpflegerin, „sind wir immer noch in der Gründerphase." Und: „Wir müssen uns dafür einsetzen, dass die Ansprüche an unsere Ausbildung, unseren Beruf höher gehängt werden." Knott ist da noch etwas strenger: „Hier kommen die Leute doch immer noch nur aus Sensationslust in den Zoo." Zwar sind die Gründe, die er damit meint, wirklich nicht mehr die von vor 150 Jahren, als die Zurschaustellung behaarter Damen, johlender Indianergruppen und trommelnder Schwarzafrikaner mit „Exotenschau" und eingepferchten Löwen durchaus zum Geschäft der Zoologischen Gärten gehörte und als naturkundliche Aufklärung begriffen wurde.

Heutzutage wird das Publikum anders angelockt. „Die Tiere müssen", so Knott, „entweder brandgefährlich oder höchst bedroht" sein, um die Menschen zum Staunen zu bringen. Dabei sei „die Didaktik doch die einzige Daseinsberechtigung, die Zoos heutzutage noch haben". Dass da so vieles im Argen ist, liegt auch daran, dass die deutschen Zoos sich schwer tun, von alten Konzepten abzuweichen. Da nützen größere Freigehege gar nichts. Ansätze zum anderen Zooerlebnis sind allerdings auch schwer, wenn die neuen Zuschauermagneten die kommerziellen, privaten Abenteuer- und Erlebnisparks sind. Wegweisendes versuchte der Berliner Zoo mit einer neuen Anlage für Seevögel, versteckt links vom Haupteingang. Durch Plastikvorhänge geht es direkt an den Strand. Das kleine Gestade mit Sand, Steilküste, frei fliegenden Vögeln und künstlichem Meeresrauschen ist sowohl artgerecht als auch erholsame Illusion. Ähnliches gelang der Stuttgarter Wilhelma mit dem Neubau einer Anlage für Eisbären und einem Vogelgehege.

In den letzen Jahren quälten die Zoos aber auch ganz andere Sorgen. Die Löwenschwemme ist mittlerweile vor allem durch empfängnisverhütende Mittel eingedämmt oder durch Trennung der Geschlechter. Dass das den Tieren auch noch ihre Lieblingsbeschäftigung in Gefangenschaft vermiest, bringt neue Probleme mit sich. Viele Tierarten müssten eigentlich in Gruppen gehalten und mit Fortpflanzung und Jungenaufzucht beschäftigt werden. Siegfried Kranemann: „Sonst fangen die irgendwann an zu spinnen." Vorbei ist es mit den stolzen Zoo-Philosophien vergangener Jahrzehnte, die freudig vermerkten, dass es Tieren, die sich reichlich vermehrten, im Zoo einfach gut gehen müsse. Und vorbei auch mit dem stetigen Hinweis, dass Tiere im Zoo sehr viel älter werden als in Freiheit. Die Zoos werden zu regelrechten überbevölkerten Altenheimen. Ungeliebte Bärengreise, alte Affen, methusalemsche Tiger blockieren Umgestaltungspläne.

Ein privater Freizeitpark im Taunus hatte da seine eigenen Methoden. Alljährlich konnten die Besucher dort knuddelige, kleine Jungbären bestaunen. Die Besitzerin zog die possierlichen Fellkugeln jedes Mal – mit entsprechenden Fototerminen für Presse und Fernsehen – mit dem Fläschchen auf. Das „Ah“ und „Oh“ war entsprechend. Die Frau erläuterte ihr Tun recht plausibel. Wenn die Bärchen bei der Bärin bleiben, dann will sie es nicht mehr mit dem Papa-Bären treiben. Das soll sie aber, damit es eben im neuen Jahr wieder neue Bärchen gibt. Also müssen die Jungen von der Mutter getrennt und von Hand aufgepäppelt werden. Sie werden dann, so die Besitzerin, legal an den Tierhandel verkauft. Ein hessisches Fernsehteam vermutete eine gewisse Kausalität, als es auf den Tellern eines Feinschmeckerlokals in Frankfurt-Sachsenhausen Bärenbraten ausmachte.

Der Nachwuchs öffentlicher Zoos steht nicht auf der Speisenkarte. Die Bären bekommen stattdessen Hormonimplantate. Schlachten und Verfüttern ist nach dem Tierschutzgesetz auch verboten. Einige Zoodirektoren haben sich inzwischen dafür entschieden, diese Methode der Reduzierung des Bestandes offensiv zu verteidigen. Die Arten, die sich, wie zum Beispiel die niedlichen Zwergziegen, besonders gut vermehren, können nicht an andere Zoos abgegeben werden. Sie sind schlechte Tauschobjekte im weltweiten Zookataster, das die genetische Vielfalt bedrohter Arten sichert. Jahrelang klagten Tierpfleger darüber, dass hinter den Kulissen der Zoos, in Kellern und auf Böden versteckt, der „Überschuss“ eingepfercht werden musste. Das sei, sagen Mitarbeiter, inzwischen „besser geworden“. Schlachten aus Platzmangel würde auch die hessische Tierschutzbeauftragte nicht durchgehen lassen. Mitarbeiterin Jutta Schmitz: „Der Nachwuchs muss kontrolliert werden. Dann gibt es halt im Frühjahr keine niedlichen Jungtiere mehr.“ Sie weiß aber auch, dass es da „eine gewisse Grauzone“ gibt.

Grundsätzlich sei sie dafür, nur noch Arten zu zeigen, „die sich für eine Zoohaltung eignen". Und: „Die Bedürfnisse der Tiere müssen im Vordergrund stehen."

Weitergehende Zoo-Konzepte fordern generell genügend Raum zur Gruppenbildung und die mittlerweile mancherorts verwirklichte Haltung von mehreren Tierarten in „natürlichen" Lebensgemeinschaften. Nur dann könnten Besucher wirklich etwas über deren Verhaltensweisen erfahren. Das alles müsste nicht unbedingt mit immer neuen „Jahrhundertbauten" wie dem Nachthaus in Frankfurt am Main verbunden sein. Es ginge auch einfacher und schlichter. Dabei könnte sich eine mobile Bauweise immer wieder den neuesten Erkenntnissen anpassen. Affenkäfige zum Beispiel sollten wesentlich höher sein, als sie es meist sind. Die Erkenntnis, dass Affen gewöhnlich auf Bäumen sitzen, erforderte eigentlich nicht mehr Grundfläche, aber eben höhere Gehege.

Der Diskussionsansätze gibt es unterhalb der Direktorenebene mittlerweile viele. Die Affenpfleger treffen sich regelmäßig. Im Ruhrgebiet, einer Gegend mit hoher Zoodichte, gibt es einen Tierpflegerstammtisch. Der Zoo, meinen sie, trage zur Bewusstmachung der Probleme und zum „Image" der Tiere bei. Das gelte eingeschränkt auch für die Wal- und Delphinschauen, obwohl die Tiere meist viel zu wenig Platz hätten: „Ohne Flipper keine weltweiten Proteste gegen den Walfang." Und da sind die winzigen, goldgelben Löwenäffchen, die in Frankfurt zur Welt kamen. Carsten Knott: „Ohne Zoos gäbe es diese Art einfach nicht mehr." Früher wurden bedrohte Arten zu hohen Preisen von Tierhändlern erstanden, heute werden sie nachgezüchtet und außerdem vor Ort geschützt. Immerhin, sagen Optimisten, wachse nicht nur die Liste der bedrohten Arten, sondern auch die der Erfolge der Schutzprogramme. Die Tiere müssten aber in Freiheit besser beobachtet werden, um sie im Notfall nachzüchten zu können. Nur so sei zu erfahren, dass ein in Vietnam entdecktes, seltenes Hörnchen nur zusammen mit einer einzigen Pflanzenart überleben kann. Nur der Schutz dieses einmaligen Lebensraumes kann auf Dauer Hörnchen retten.

Während sich hierzulande dem Publikumsgeschmack entsprechend ein Wandel vom kahlen Käfig zur pflegeleichten und illusionistischen Ausstattung mit täuschend nachgebildeten Plastikpanoramen vollzogen hat, heißt die Devise anderswo bereits: Zurück zur Natur. Vorbildlich sind da dänische Zoos, die wieder zu natürlichem Boden für Huftiere zurückgekehrt sind, einen Zoopädagogen für die Tiere beschäftigen, Futter nicht mehr klein schneiden und Affen über das Knacken einer ganzen Kokosnuss sinnieren lassen. In Holland darf Unkraut in den Gehegen wachsen. Die Affen wählen sich darunter aus, was ihnen bekömmlich ist.

In anderen Ländern ist High-Tech angesagt. Den Bären wird in England die Lust auf Süßes schwer gemacht. Ein Rohrsystem pumpt die Leckerei in die Spitzen hohler Bäume. Insider wissen von unterschwelligen Kontroversen traditioneller Zoodirektoren und einer neuen Generation junger Zoologen. Da nahm sich der öffentliche Konflikt zwischen dem Frankfurter Interims-Zoodirektor Christoph Scherpner und Kulturdezernentin Linda Reisch eher unfreiwillig komisch aus. Während Reisch darüber nachsann, ob nicht vielleicht ein Bärenfell zum Anfassen am Bärenkäfig von pädagogischer Sinnlichkeit sein könnte und Grüne den Rückbau zu Streichelzoo und Muster-Bauernhof forderten, wollte Scherpner einige Zoo-Klassiker vorerst nicht missen: „Kinder lieben den Sumatra-Tiger." Psychologen wissen auch warum. Ein Tier, noch dazu eines, das als wild oder Raubtier gilt, hinter Gittern zu betrachten, das rührt an archaische Ängste und bannt gleichzeitig die Gefahr.

Nachtrag: Im Sommer 2000 verständigte sich der Verband deutscher Zoodirektoren darauf, dass das Töten überzähliger Tiere kein Tabu mehr sein dürfe und öffentlich diskutiert werden müsse. Eine Umfrage ergab, dass es in etlichen Zoos längst gängige Praxis war, weil diese die Verhaltensstörungen durch Trennung und Krebserkrankungen durch empfängnisverhütende Hormonimplantate in ihrem Bestand nicht mehr hinnehmen wollten. Auch in der Natur, so ein Agument, sterben die meisten Tiere jung.

Das Tierelend im Kinderzimmer

Streit um die pädagogisch wertvolle Meersau.
Kinder verbrauchen jährlich Millionen
von Kleintieren. Nager und Schildkröten
sind besonders arme Viecher.

Im Ortsbeirat in Frankfurt-Bornheim schlugen im Sommer 1990 die Wogen der menschlichen Emotionen hoch: denn es ging ums Tier. Im Streit um Sinn und Unsinn eines Zoos mit exotischen Insassen plädierten die Grünen für alternative Menagerien eigener Art. Höfe, auf denen ihre lieben Kleinen Kühe, Schweine und Hühner besichtigen können, forderten sie stattdessen. Und, Gipfel des Alternativen, „Streichelecken" auf Kinderspielplätzen. Dies war nicht nur CDUlern, die seit langem die Elefanten im Frankfurter Zoo vermissen, ein Gräuel.

Unversehens setzten sich die Drei-Tage-Bart- und Latzhosen-Eltern samt ihrem kinderladengestählten Nachwuchs auch gegenüber den Tierschützern ins Unrecht, die die Veranstaltung zum Anlass nahmen, die Realität des Tiers im deutschen Kinderzimmer zu thematisieren. Streichelecken auf dem Spielplatz sind da noch das geringste Übel, auch wenn sich bei der Vision von der von Kinderhand bis zur Kahlheit dauergestreichelten Meersau das Fell sträuben möchte.

Das Elend der Tiere in bundesdeutschen Kinderzimmern ist in der Tat bisher ein Tabu, ein Skandal, der sich – sozusagen – unter der Schmusedecke abspielt. Jährlich werden an diesen – nach außen hin so harmlosen wie abgeschotteten – Orten vier Millionen Tiere verbraucht. Der Zoohandel berichtet von enormen Verkaufszahlen. Abertausende Meerschweinchen, Zierkaninchen, Schildkröten und Vögel, vorwiegend Wellensittiche und Kanarien, gehen jährlich über die Ladentheke. Dass sie unvorstellbares Leid erwartet, blieb der Öffentlichkeit bisher verborgen.

Eine geheime Untersuchung des Instituts für Pädagogische Tiernutzung in Garching ergab Erschreckendes. Meerschweinchen gehen durch schokoladenverschmierte Kinderhände, werden in Puppenkleider gestopft, in Lego-Autos und ferngelenkten Feuerwehrwagen durch das Kinderzimmer geschleudert, unter Bettdecken erstickt. Sie werden öfter gebadet und shampooniert als im Versuchslabor, an Leinen und Schlingen durch die Gegend gezerrt.

Besonders häufig bekommen Tierärzte verletzte Kaninchen zu sehen, die sich auf der Flucht vor ihren kleinen Peinigern zum Beispiel unter der Waschmaschine versteckten. Brutal hervorgezerrt, werden sie mit tiefen Rissen und Wunden auf dem Rücken und an den Seiten eingeliefert. Nach der Behandlung müssen sie dann, zurückgekehrt ins Spielzeugarsenal, die Fürsorge der kleinen ÄrztInnen und Krankenschwestern überleben: Doktorspiele mit Spritzen, Nutella-Salben und Kopfverbänden.

Richtig wertvoll werden die Schmusetiere erst am Ende dieses Hundelebens. Die Kleinen betrauern, meist lauthals brüllend, den Tod ihres Hausfreundchens, was den Eltern immerhin die Möglichkeit gibt, die schleichende Hinrichtung in eine astreine pädagogische Beerdigung münden zu lassen. Diese findet meist im Schuhkarton statt – entweder im eigenen Garten oder beim Waldspaziergang.

Einer solchen feierlichen Krabbelstuben-Beerdigung verdankte in Südhessen ein Hund den schnellen Tod durch das Gewehr eines Jägers. Der präsentierte dem empörten Hundebesitzer nicht nur den Kadaver seines Terriers, sondern dazu auch den eines angeblich gewilderten Kaninchens. Dass das Kaninchen aus einen vom Hund säuberlich ausgebuddelten Pappkarton stammte, liebevoll mit Deckchen und Blumen dekoriert, stellte sich erst später heraus.

Was allein Schildkröten, wegen der bei Kindern so beliebten wie brutalen Zeichentrickserie *Hero Turtles* zeitweilig groß in Mode, erdulden müssen, ist unbeschreiblich. Sie schmachten in Minigefängnissen, werden mit Knallkörpern bombardiert, in Kanalisationsrohre gestopft, müssen, bumbum, pängpäng, dem Drang zum Ausleben frühkindlicher Aggressionen standhalten – einem Bedürfnis, für das früher Bauklötze auch genügt haben.

All dem ein Ende zu machen, dafür setzte sich inzwischen der hessische Tierschützer Ilja Weiß ein. In einem ersten Schritt forderte er in bekannt engagiert kämpferischer Weise ein konsequentes generelles Verbot nicht nur der Käfighaltung von Legehennen. Er machte sich zum Fürsprecher aller eingesperrten Vögel und forderte das Verbot auch der Käfighaltung von Ziervögeln.

Nachtrag: Dass die geheime Studie ein Fake, also frei erfunden war, wollten viele Leser, ebenso wie zahlreiche Medienprofis, nicht glauben. So erwies sich diese Glosse vermutlich deshalb als verfehlt, weil sie allzu knapp neben der Wirklichkeit angesiedelt war.

Pfötchengeben im Zeitalter des Wassermanns

Auf der Internationalen Zuchtschau Deutscher Schäferhunde in Frankfurt zahlen Japaner astronomische Preise für PunktesiegerInnen; „schussgleichgültige“ Rüden, „Hecktriebler“ und Gebrauchshunde mit „ganzheitlichen Führungsaufgaben.“

Wenn erwachsene Männer grölend, schreiend, mit Trillerpfeifen, Tröten und Tuten im Frankfurter Waldstadion herumhetzen, dann ist das Sport. Wenn sie dabei außerdem noch kleine Plastikeimerchen schwenken und wie wild auf Quietschtiere drücken, dann ist das Hundesport. Damit die aufgeregten Herrchen und Frauchen nicht zwischen die weit weniger aufgeregten Hunde geraten, sind auf dem Gelände, auf dem sonst Fußballer kicken, so genannte „Ringe“ abgetrennt. Innen ziehen dutzende Deutscher Schäferhunde mit ihren FührerInnen ganz gelassen hintereinander im

Kreis. 2000 Aussteller aus 25 Ländern notierte der „Verein für Deutsche Schäferhunde“ (SV) im Februar 1990 zur dreitägigen SV-Bundessieger-Zuchtschau. Ermittelt werden die Weltsieger in drei Klassen: Gebrauchshunde, Junghunde und Jugend.

„Sascha! Mischa! Marko! Arras!“, hallen hektische Rufe. Die Hunde sagen nicht mal „Wuff“. Das Geschrei und Gerenne außerhalb des Ringes soll die Tiere animieren, noch munterer, lebendiger, aufmerksamer dreinzuschauen als sonst. „Wir sehen das nicht gerne“, sagt Karl Krug vom Verband. Richter Reinhard Meyer, der die Punkte an die Junghund-Klasse Rüden vergibt, guckt indigniert. Er bewertet die Hunde dreimal: erst Standmusterung, dann Gangwerksprobe und schließlich Endausscheidung. Die Hunde müssen dem „Standard möglichst nahe kommen“, der am 22. April 1899 von Rittmeister Max von Stephanitz festgelegt und seither nicht verändert wurde. Dazu gehört, neben kräftiger Farbe, dichtem Fell und ausgeglichenem Charakter, vor allem ein kräftiges, rückwärtiges Fahrgestell. Der Schäferhund ist, erläutert Pressesprecher Gerhard Dalla-Bona, „ein Hecktriebler“: „Die Vorderpfoten hat er eigentlich nur, um nicht auf die Schnauze zu fallen.“ Davon, dass kritische Tierärzte die Züchter angegriffen haben, weil deren Vorstellungen vom Standard die Wirbelsäule der Tiere immer mehr verkrümme, will er nichts wissen. Ein ordentlicher Schäferhund ist für ihn vorne so hoch wie hinten. Alles andere sei „eine optische Täuschung“. Dass die Tiere mit ihren 42 vom Standard vorgeschriebenen Zähnen auch kräftig zubeißen können, liegt für die meisten Verbandsfunktionäre erstens an inkompetenten Haltern und zweitens an der Presse, die Panik gemacht habe.

Gerhard Dalla-Bona, der die Zahl der gesamtdeutschen Mitglieder seines Vereins auf inzwischen 120000 schätzt, hält sich streng an die von der Vereinsleitung verordnete neue Imagepflege. Der Verband sitzt in Augsburg und wird dort von rund 50 MitarbeiterInnen modern geleitet. In der Vereinszeitung hat Prof. Willy Gruber aus Memmingen die neue Linie vorgegeben: „Die Öko-Bewegung wird auch uns herausfordern, in Bezug auf Hundehaltung und -pflege nach zeitgerechten Lösungen zu forschen.“ Im

Zeitalter von New Age und Wassermann müsse der Deutsche Schäferhund „ganzheitlich" auf „Führungsaufgaben" vorbereitet werden. Er empfiehlt auf dem Weg zum liebenswerten Schäferhund, was gestandenen Hundeführern eher ein Gräuel sein müsste, nämlich ein „paar Tricks abseits jeglicher Punkteordnung", um den „Laien" anzusprechen: „Pfote geben, Hut holen, Männchen machen".

Gerhard Dalla-Bona ist pragmatischer. 96 Prozent aller Behörden und Rettungsorganisationen auf der Welt halten Schäferhunde, von Blindenhunden ganz zu schweigen. Körperbau und Behaarung machten ihn „von Afrika bis zur Arktis" zum idealen Gebrauchshund: „Gebrauchstüchtigkeit ist das oberste Kriterium." Deshalb sucht wohl auch im Vereinsblättchen zum Beispiel die französische Armee per Anzeige „kampftriebstarke, schussgleichgültige" Rüden. Darunter erwartet die Landeshauptstadt Stuttgart für ihr Geld „ausgeprägten Kampftrieb" und „rücksichtslosen Verfolgungstrieb". Kleinere Mängel wie Übergröße, Zahnfehler etc. spielen keine Rolle.

Dass der makellose Schäferhund, der sich möglichst weit vorne auf der Punkteliste qualifizieren kann, auch eine Geldanlage ist, sei übertrieben, so Dalla-Bona. Welpen von SiegerInnen kosteten auch nur um die 600 Mark. Alles andere sei eher die Ausnahme. „Für drei Mercedesse", runde 360 000 Mark, berichtet in diesem Moment ein Mitarbeiter, habe soeben ein Schäferhund den Besitzer gewechselt: „Der Japaner von gestern hat ihn doch genommen." Japaner sind derzeit ganz verrückt auf Schäferhunde. Sie umdrängen auf der Schau einen italienischen Züchter, der seinen anderthalbjährigen Rüden Eiko im besten Licht präsentiert und auch bei hohen Summen noch ablehnend lacht. Ein spanischer Züchter ist schon weiter. Er zieht „seinen" Japaner zur weiteren Preisgestaltung hinter die nächste Ecke.

Rund um die Zuchtschau ist Markt. Hundefutterhersteller en masse, Leinen, Halsbänder, T-Shirts, alles zum Super-Preis. Auch die Blutlinien-Liste gibt es für 70 Mark zu kaufen. In ihr sind die Zuchtreihen seit 1900 akribisch eingetragen, hier, wo alles nach Blutlinien und Zuchtgruppen streng geordnet ist, ein wichtiges

Papier. Loden und Jägerhüte gehören der Vergangenheit an. Die modernen Halter und Züchter kleiden sich in wetterfeste, bunte Plastikanzüge. Sie wirken eher wie Rennfahrer-Crews, die zur Wartung ihrer Hunde angetreten sind. Am nächsten Tag ist das Waldstadion verlassen. Nur auf dem Weg zu den Spielfeldern türmen sich rechts und links die Häufchen der Favoriten.

Manche Fische riechen besonders gut

Angler mögen keine Naturschützer, die Angler nicht mögen. In Kronberg im Taunus proben die wahren Freunde der Fische und Naturfreunde die Verständigung.

Die Welt ist voller Missverständnisse. „Ich wusste nicht“, sagte sie, „dass Fische so gut riechen können.“ „Fische, die riechen“, sagt der versierte Koch ein klein wenig rechthaberisch, „sind nicht mehr gut.“ „Nein“, sagt sie, „Fische riechen!“ Und sie riechen sehr gut. Elritzen zum Beispiel 250-mal besser als der Mensch, der Aal ebenso gut wie ein Hund. Wen das interessiert? Angler zum Beispiel, die laut *Handbuch für den Sportfischer*, ihrem Standardwerk, „Nikotinfinger, Schnakenöl, alte Wurmschachteln, die nach ihrem früheren Inhalt duften“, meiden sollen, wenn sie erfolgreich angeln wollen. Denn, eben, Fische riechen gut. Dort finden sich auch so wunderbare Sätze wie dieser: „Die höchste Zahl von Barteln hat der Schlammpeitzger mit zehn.“ Und, auch das ist aus der sonderbaren Wahrnehmungswelt der ältesten Wirbeltiere mit ihren 20 000 Arten zu lernen: Fische haben Geschmack. Manche schmecken mit dem ganzen Körper. Auch hier sind die unscheinbaren, flinken Elritzen führend. Und Fische sind, wenn sie nichts zu beißen haben, wahre Hungerkünstler. Ein Aal soll – kein Anglerlatein – vier Jahre lang ohne Futter ausgekommen sein. Fische können außerdem Farben sehen, Töne hören und haben ein Gedächtnis.

Christoph hat auch Geschmack: Er mag keine Fischstäbchen. Christoph ist 17 Jahre alt und angelt sich seine Mahlzeit selber. Er sitzt im Herbst 1994 zum 5. Fischerfest des Angelsportclubs in Kronberg im Taunus zwischen Bleich- und Schillerweiher im Stadtpark. Er ist einer der Jugendlichen, die nach einigen Jahren der Nachwuchsflaute wieder Interesse am Angeln haben. Was ihn daran fasziniert? „In der Natur zu sein", sagt er, das sei sein „Thrill". Er berichtet, sein größter Fang sei ihm in Spanien gelungen. Einen 24 Pfund schweren Wels habe er dort aus dem Ebro gezogen. Nein, der kam nicht in die Pfanne, sondern wurde zur Kontrolle des Fischbestandes in Spaniens größtem Fluss gefangen und nach der Markierung wieder ins Wasser geworfen. Das ist deutschen Anglern sonst streng verboten. In anderen Ländern, erbost sich Bruno Haas, ebenfalls Mitglied im Kronberger Angelsportclub, lande ein „übermäßiger" Fisch nach dem Angelerfolg oft nicht im Kochtopf, sondern werde wieder ins Wasser geworfen. Wenn der Fisch Pech habe – oder, fügen wir als halb gebildete Angellaien hinzu, einfach nur so gut riechen kann, dass er auch an dem nächsten verlockenden Köder nicht vorbeikommt –, wenn der Fisch also Pech habe, werde er immer wieder geangelt. Das hält Haas für Tierquälerei und lobt die strengen deutschen Reglementierungen. Haas: „Das geht nicht. Die Angelei soll Sinn machen."

Große Fische, meint er, müssen aufgegessen werden. Nur die jungen, zu kleinen, „untermäßigen" Fische, deren Mindestgewicht und -länge je nach Art bestimmt werden, dürften wieder ins Wasser zurück. Überhaupt seien die Bestimmungen nirgendwo auf der Welt so fischfreundlich wie in Deutschland. Der Fisch dürfe nicht nach kanadischer Waldläufermanier schwungvoll mit der Angel an Land gezogen werden. Nein, der Angler muss sich schon die Mühe machen, ihn im Wasser bis in Ufernähe zu drillen und dann mit einem Kescher aufzuheben. Der Fisch darf nicht am Haken in der Luft hängen, denn das, sagt Bruno Haas, sei für ihn wegen des Eigengewichts des Tieres zu schmerzhaft. Überhaupt kann er sich aufregen. Immer wieder, meint er, würden Angler als Tierquäler und Naturzerstörer diffamiert. Und das völlig zu Unrecht und vor allem von fehlgeleiteten Naturschützern. Haas findet das sehr ungerecht. Er sei kein Fischmörder, verderbe die natürliche Wasserfauna in den Teichen der Umgebung auch dann nicht, wenn Fischbrut eingesetzt werde und die Teiche alle paar Jahre einmal geleert und abgefischt werden. Das sei im Gegenteil dringend erforderlich, um das Gleichgewicht im Wasser zu wahren, das in keinem stehenden Gewässer mehr natürlich sei. Das habe ohne Gegenmaßnahmen zur Folge, dass die von wandernden Stockenten eingeflogene Brut der Barsche sich rasant vermehre und alles andere ratzekahl auffresse: „Da kommt kein Frosch mehr hoch." Am Ende sind die Barsche dann hungrige Alleinbewohner und mickern kleinwüchsig vor sich hin: „Die heile Welt im Weiher gibt es nicht mehr."

Diese lästigen Raubfische, weiß ein befreundeter Angler, „schnappen wirklich nach allem". Das sei für ihn als Tierfreund besonders ärgerlich. Die untergewichtigen Fische müssen zurück ins Wasser. Weil das Abhängen der Barsche vom Haken für ihn aber zu gefährlich sei, „weil die sehr bissig sind", schneide er sie mitsamt Haken von der Angel ab und werfe sie in ihr Element zurück. Dabei kommt er ins Grübeln: „Ob die sich damit aber besonders wohl fühlen?" Bruno Haas verurteilt die Methode seines Kollegen: „Genau das ist strikt verboten!" Und es ist ebenso streng untersagt, Fische mit dem „richtigen" Gewicht aus falsch verstandener Tierliebe ins Wasser zurückzubefördern. Haas: „Das ist nicht der Sinn des Angelns." Auch das Töten der Fische unterliegt Regeln. Sie müssen vorher, mit Ausnahme der Aale, mit einem kräftigen Schlag auf den Kopf betäubt werden.

Bruno Haas achtet im Verein auf die Einhaltung der Regeln, die, betont er immer wieder, nirgendwo so umwelt- und naturschonend sind wie in der Bundesrepublik. Umso saurer ist er auf die schwarzen Schafe, die ohne Prüfung und Fischereischein „wild" angeln. Das seien, stellte er fest, „vor allem Leute, die noch nie etwas vom Fischereigesetz gehört haben". Dass und wie sie bestraft werden können, ist in den einzelnen Bundesländern unterschiedlich nach Landesgesetzen geregelt. In Thüringen wird schwere Fischwilderei, zum Beispiel mit künstlichem Licht, Sprengstoff, Betäubungsmitteln oder Gift, mit Gefängnis bis zu fünf Jahren bestraft. Auch sonst drohen Geldstrafen bis zu 5000 Euro. Und außerdem ist Bruno Haas wütend auf „die Omas und die Spaziergänger, die aus Frankfurt in den Taunus angereist kommen". Die füttern nämlich zu ihrem Sonntagsvergnügen die Enten mit Altbackenem und verderben damit die Trinkwasserqualität der Parkteiche. Solche „Tierfreunde" kann er absolut nicht leiden. Vor allem dann nicht, wenn er am Wasser steht und angelt. Da will er nicht gestört werden. Lästige Fragen beantwortet er dann schriftlich, abzulesen auf der Rückseite seines Hemdes: „Nein, es ist nicht langweilig." Und: „Ja, es gibt Fische hier."

Dabei könnten auch die Parkteiche dank der Pflege durch den Verein ein Idyll sein. Das alte Waschhaus am Bleichweiher ist als Vereinsheim liebevoll renoviert und von Grün umrankt. In den Teichen schwimmen Stichlinge, Elritzen, Moderlieschen, „und andere seltene Tiere, die ich nicht verrate, weil die sonst bloß wieder wer rausholt". Dass aber auch ein Eisvogel sich in solcher Menschennähe angesiedelt hat, ist ihm ein erwähnenswerter Erfolg. Dass auch Unerwünschtes schwimmt, weiß er zur Genüge. Vor allem Rotwangenschildkröten werden immer wieder ausgesetzt, wenn sie ihren Besitzern zu groß geworden sind. Sie futtern sich auf Kosten der einheimischen Arten durch, kommen unerwartet gut über den Winter und lassen sich nur schwer wieder einfangen.

Haas würde gerne den Vereinsnamen ändern. „Angelsport". Das sei, findet er, irreführend. Angeln sei eigentlich kein richtiger Sport, bei dem es auf Höhe, Weite und sonstige Höchstleistungen ankomme, sondern eher kontemplativ. „Angelfischer", das wäre ihm lieber. Das sei auch gleichzeitig ein Wort, das klarmache, dass Angeln die fairste Art des Menschen sei, an tierisches Eiweiß zu kommen. Es brauche Geduld und lasse dem Fisch eine Chance. Die Seefischerei zum Beispiel, „über die regt sich kein Mensch auf. Dabei ist die wirklich tier- und umweltfeindlich."

Ottmar Sehr ist ebenfalls Angler. Und er ist gleichzeitig im Vorstand des Bundes für Umwelt- und Naturschutz (BUND) in Kronberg und engagiert sich, zusammen mit Haas, in der Schutzgemeinschaft Deutscher Wald. Auch er weiß von der naturwüchsigen Feindschaft zwischen Anglern und Naturschützern und kann sie nicht so einfach erklären. Das liege, meint er, wahrscheinlich „an der mangelnden Information" auf beiden Seiten. Auch in streng geschützten Gebieten nämlich müsse, ganz so wie die Angler das in den von ihnen betreuten Gewässern tun, ab und zu das Wasser abgelassen und der Teich leer gefischt und neu besetzt werden. Er und Haas haben ganz andere gemeinsame Feinde: Das Nitrat aus der Landwirtschaft, das die Gewässer überdüngt, Industrieeinleitungen, Abwässer, exzessive Sportler und unachtsame oder gleichgültige Menschen. Er schimpft nicht nur auf die ausgesetzten Schildkröten, die sich hierzulande „wohl fühlen wie Gott in Frankreich". Immer wieder finden sich auch die Reptilien, die gerade bei den Terrarienbesitzern aus der Mode gekommen sind. Die Gelbgrüne Zornnatter, die es früher viel im Handel gab, wuchs zu schnell, wurde zu groß für das Wohnzimmer und landete im nächsten Teich. Dort kann sie dann auf südfranzösische Marmor- oder spanische Rippenmolche treffen. Die Angler, lobt Sehr, verfälschen die Fauna nicht, sondern mühen sich um die Erhaltung der einheimischen Arten. Und Bruno Haas beteuert: „Es ist einfach ein Vorurteil, dass wir alles aus dem Wasser holen, was anbeißt."

Die Prüfungen für Angelfischer sind streng. Christoph musste in Kronberg dreißig Stunden lang Theorie büffeln und etliche praktische Übungen absolvieren. Fischkunde, Wasserpflege, Naturschutz- und Fischereigesetze gehören zum Lehrstoff, ehe es nach zwei Prüfungen den Fischereischein gibt. Dann kann aber niemand gleich an den nächsten Bach ziehen, sondern er muss auch noch einen Erlaubnisschein beantragen und den bei seiner regionalen Behörde beglaubigen lassen. Weil die Fischereigesetze Ländersache sind, ist allein über unterschiedliche Schonzeiten und Mindestmaße viel zu lernen. In den alten Bundesländern galten für Zander vier unterschiedliche Maße. Mindestens 50 Zentimeter lang muss er in Bayern sein, in Bremen dagegen nur 35. Im Bodensee ist wieder alles ganz anders. Das Juristische fand Christoph am schwersten. Und wer weiß auch schon, wem die Fische gehören, die bei ablaufendem Hochwasser an Land zurückbleiben? Und dass die Hamburger größere Störe fangen müssen als andere Meeresanrainer? Aber das ist ein anderes Kapitel, denn in den Küstengewässern darf jeder angeln. Haas: „Da passieren die wirklich schlimmen Sachen."

Das gelbe Auge des Diskusfisches

Sie kriegen die Lochkrankheit
oder stehen tagelang Kopf.
Sie sind eine mindestens so ernste
Angelegenheit wie Papas Spielzeugeisenbahn.
Einmal im Jahr gehen Aquarianer
auf die Messe.

Bernie P. ist Bergmann gewesen und „frührentnert seit zehn Jahren". Früher hat er den aus der Not geborenen, klassischen Ruhrpott-Hobbys gefrönt, Tauben gezüchtet, „zu Wettbewerben und manchmal auch inne Suppe". Kaninchen auch, „immä en paar Stück inne Hütte" gehabt. Aber: „Dat passt dä Mutti nich mää, nich inne Zeit und inne neue Schrankwand auch nich." Seither will er Aquarianer werden und guckt sich auf der Fachmesse „Zierfische & Aquarien '95" um, „wat et so jitt". Zwischen tausenden drängelt und schiebt Bernie P. sich Anfang Oktober 1995 durch die Gänge der Duisburger Mercator-Halle, und da „jitt" es eine ganze Menge. Entschieden zu viel, findet seine Frau. Denn da stehen zur größten, europäischen Aquarienschau Glaskästen, die nun wirklich zu groß sind für das neu angeschaffte Gelsenkirchener Barock. Der flotte Verkäufer preist entspiegelt klares Spezialglas an, verarbeitet zu stufenförmig aufgebauten Wasserbassins mit wurzelholzfurniertem

Untergestell und ganz neuen Beleuchtungseffekten. „Das muss eigentlich", deklariert er das Riesenteil etwas von oben herab zum Designermöbel für die gehobene „Wohnwelt", „gaanz frei mitten im Raum stehen". „Wat, inne Wohnstube?", fragt Frau P. irritiert nach. „Nää", sagt sie und zieht ihren Bernie schnell weiter, „nich in unsere."

Dass Aquarien heutzutage Möbelstücke sind und nicht einfache Rundgläser für den Goldfisch, abzustellen auf dem Vertiko, oder schlichte Wasserbecken, vielleicht noch mit ein bisschen gut isolierter Elektrik für das Verwirbeln von Sauerstoff, weiß auch Norbert Zajac. Der Duisburger Zoohändler richtete die „Megaschau der Aquaristik" 1993 zum ersten Mal aus und brach alle Besucherrekorde. Zajac ist rund, temperamentvoll und überzeugt von seinem Geschäft. Er und seine beiden Brüder seien schon als Kinder „tierverrückt" gewesen: „Papas Aquarium stand in der Küche. Damit bin ich aufgewachsen." Es kamen Hamster, Meerschweinchen, Eidechsen, Schildkröten dazu. Mit dem Umzug der Eltern nach Gladbeck in ein eigenes Haus wuchs der Heimzoo weiter. Dort hatte Norbert Zajac schon als Junge eine anerkannte Auffangstation für verletzte Dohlen und Turmfalken: „Leben mit Tieren war bei uns klare Sache." Einzige Bedingung der Eltern: „Wir mussten sie ordentlich versorgen." Auf die Fische kam er, als er eine Lieferung Guppys erhielt, die er eigentlich an ein kleines Krokodil verfüttern wollte.

Heute beschäftigt der gelernte Stahlbauschlosser 50 MitarbeiterInnen, dazu Ingenieure, die neue Geräte entwickeln, und zwei Biologinnen. Rechtzeitig zur Messe hat seine Firma im Duisburger Zoo ein Korallenriff-Aquarium gesponsert und eingerichtet. Zajac hat festgestellt, dass sich die AquarianerInnen und ihr erst 100 Jahre junges Hobby verändert haben. „Früher", erinnert er sich, „war das eine Beschäftigung für alte oder allein stehende Männer." Witzblattfiguren eben, die mürrisch nur noch mit dem Goldfisch im Einmachglas redeten oder Methoden der Nachzucht eigenbrötlerisch verheimlichten. Heute sind die Messebesucher jünger „und interessiert an neuer Technik". Es kommen auch Paare, denn, weiß

Zajac, „die Auswahl des Aquariums ist wie bei den Möbeln oft Frauensache". Er kennt inzwischen aber auch viele Hobbyistinnen. Zwei Millionen AquarianerInnen, schätzt er, gibt es bundesweit, etwa 25 000 sind im „Verband Deutscher Vereine für Aquarien- und Terrarienkunde" (VDA) organisiert.

Dass sie weltweit Mitschuld trügen an der Plünderung tropischer Korallenriffe, Flüsse und Seen, will er nicht auf sich sitzen lassen. Heute lasse sich von den 2000 im Handel befindlichen Arten „fast jede nachzüchten". Da sei es Unsinn, für in Deutschland aufgezogene Tiere, die aber unter das Artenschutzabkommen fallen, CITES-Papiere zu verlangen oder die Haltung zu verbieten: „Der Behördenkram verdirbt den Spaß an der Art." Wenn aber, versucht er den Umkehrschluss, seltene Arten nicht mehr nachgezogen werden, dann würden sie über kurz oder lang doch wieder durch den Schwarzhandel importiert. Zajac schwört auf moderne Technik. Sie ermögliche es auch, empfindliche und seltene Korallenarten zu vermehren. Außerdem sei es „grober Unfug", hier Papiere zu verlangen für Tiere, die in den Nachbarländern Holland und Belgien problemlos zu erstehen seien.

Ohnehin seien es nicht die Aquarianer, die die Riffe leer räumten. Ein Meerwasserbecken könne sich kaum jemand leisten. Es braucht zu viel Platz, zu kompliziert ist die Temperierung und Zusammensetzung des Wassers und deshalb auch die Haltung der teuren Südseefische und empfindlichen Korallenarten. Die meisten Fischfans haben sich deshalb auch auf aus Asien, Afrika und Lateinamerika importierte oder hier nachgezogene Süßwasserfische spezialisiert. Die kommen zum Beispiel aus dem Malawi- oder Tanganjikasee in Afrika. Sie werden, wie alle Zierfische, nicht gehalten, sondern „gehältert". Die hohe Schule der Aquaristik jedoch ist der Diskusfisch *(Symphysodon)* aus der Familie der Buntbarsche. Der schwimmt massenhaft in der Mercator-Halle. Züchter bieten ihn zum Verkauf an und sind außerdem zum Championat angetreten. Allenthalben glotzen die handtellergroßen Viecher aus stoisch gelben Augen durch die Glaswände. Sie sind mächtig bunt, grün, lila, blauschillernd gestreift, vorwiegend längs, mäandernd von den Rändern her. Die meiste Zeit stehen sie im Schwarm dekorativ still, machen manchmal unisono fischiges Ballett, eine ruckartige Kehrtwendung, und wirken viel zu groß für die dann doch wieder zu kleinen Bassins. Der Diskusfisch, lernt die Laiin, bekam diese attraktiven Farben erst durch die Zucht. Vermehrt wird nach strenger Auswahl bei Form, Farbe und Gesamtbild. Die gewöhnlichen, wilden Artgenossen schwimmen im fernen Amazonasbecken, werden dort gefangen, in riesigen Fischfarmen, vor allem in Manaus, gehalten, verpackt und in alle Welt versandt.

Bernd Degen, Fischbuchautor und -verleger, trägt eine Fischkrawatte. Er schwärmt während seines Dia-Vortrags von den Diskus-Wildfängen. Die sind, auch Fische sind der Mode unterworfen, in Deutschland aus derselben gekommen. Er ist mehrmals an den Amazonas gereist und hat mit wahrer Sammlerwut und Akribie eine ganze Fischfarm nach Fehlfarben und Unterarten durchstöbert. Außerdem findet er die roten Augen der Wildlinge „viel explosiver“ als die gelben Glubscher der Zuchtformen. Am Amazonas, erfahren die Zuhörer außerdem von ihm, „stehen sehr viele Bäume“. Sei's drum. Und die Leute, versteigt er sich sodann in einen Exkurs über brasilianische Lebensart, „nehmen es locker“. Was, fragt er sich zum Ende, „sollen sie auch sonst tun im Dschungel?“ Vielleicht verrückte Deutsche beobachten, die Fische nach Form und Farbe sortieren.

Sinn und Wahnsinn der Aquaristik ist jedenfalls nicht der beruhigende Anblick sich sanft zwischen Pflanzen wiegender Fische. Das wäre nicht besser als das Pausenbild im Fernsehen oder der Bildschirmschoner des Computers. Die Südseeoase daheim ist richtig Stress und mindestens eine so ernste Angelegenheit wie Papas elektrische Eisenbahn. Fische spielen da nur eine Nebenrolle, wenn es um Pumpen, Wasseranalysen, Reagenzgläser, Computersteuerung, Blasenzähler, Eiweißabschäumer und Diffusionsspiralen geht. Fische kriegen sowieso jede Menge Krankheiten. Auch dafür gibt es Rat auf der Messe. Ein besorgter Fischfreund braucht ihn dringend, denn sein einer Diskusfisch hat die Lochkrankheit, der andere steht schon seit zwei Tagen auf dem Kopf. Da bricht Panik aus: „Das ist ansteckend!“ Der Fischexperte empfiehlt Antibiotika. Die bekomme man am besten, „wenn man mal einen befreundeten Hausarzt fragt“. Der Gebrechen gibt es viele bei den Fischen, von der Flossenfäule bis zur Bauchwassersucht. Dazu kommen Parasiten, Pilze, Viren, Würmer, die alle bekämpft sein wollen.

So eine Messe ist turbulent. Am Stand des „Bundesverbandes für fachgerechten Natur- und Artenschutz“ (BNA) streiten sich Naturschützer mit dem Verbandsfunktionär Werner Büngener. Büngener schimpft auf die Grünen. Fachgerechte Zucht, findet er, sei „auch Artenschutz“. Die Feinde sieht er, wie viele Aquarianer, anderswo. Abholzung der Regenwälder, Wasserverschmutzung durch Industrie und Privathaushalte, Tourismus, all das sei viel gefährlicher für die Fische als „verantwortungsvolle Hobbyisten“. Die Kritiker halten dagegen. Schon der Name des Verbandes sei irreführend, weil an dessen Gründung nicht etwa Artenschützer, sondern „maßgebend die Aquarianer beteiligt seien.“

Am Rande kaufen zwei Jungen kleine Guppys. Der ältere Bruder bezahlt die in eine Plastiktüte abgefüllten Fischchen. Nicht, dass er sonst so großzügig sei. Die Sache sei ganz einfach, erklären sie. Der eine hat ein Aquarium, der andere einen dicken, grauen Kater. Und der mag Fische. Immer, wenn das Katzentier das Bassin wieder einmal leer geangelt hat, muss sein Besitzer die Beute vom Taschengeld ersetzen. Er ist Stammkunde bei der Firma Zajac. Unterdessen hat sich auch Familie P. auf ein Aquarium geeinigt. Dessen Ausmaße sind eher bescheiden. Nun geht es um die Fische. „Papa“, mahnt Frau P., „musst aber nich so jroße nähm.“

Naturräume und Wildnis

Das zugenagelte Biotop, menschenfrei und von Naturschützern mit nachgerade pseudoreligiösem Eifer umhegt, ist eine Fiktion von Wildnis. Naturschützer wissen das heutzutage. Sie umgeben die geschützten Reservate mit Benecke-Hecken, natürlich scheinenden Geästhaufen, die schnell von stacheligen und rankigen Pflanzen überwuchert werden, und entlang der Spazierwege der Menschen eher über kurz als über lang Barrieren für Ausflügler, Kinder und Hunde bilden. Das sieht so aus wie unberührte Natur, ist es zwar nicht, aber es entstehen Refugien. Und da scheiden sich die Geister. Die einen sagen, nicht ganz zu Unrecht, unberührte Natur gebe es auf dieser Welt ohnehin nicht mehr. Die nordamerikanischen Prärien seien ebenso menschengemacht wie die schützenswerten norddeutschen Heidelandschaften mit ihren spezifischen Artengemeinschaften. Sie propagieren den Eingriff als Schutz. Andere hielten lange dagegen, man solle die Natur einfach in Ruhe lassen und die Menschen aussperren, ein Unterfangen, das schwerlich durchzusetzen ist. Das Prinzip Hoffnung aber ist ungebrochen. Naturschutzverbände kaufen Auenlandschaften und Regenwälder.

Renommierte Artenschützer wie der WWF und die Zoologische Gesellschaft Frankfurt engagieren sich seit langem in den armen Ländern der Dritten Welt. Sie haben ihre Erfahrungen gemacht und setzen mittlerweile darauf, die Menschen in ihre Schutzprogramme einzubeziehen. Wildhüter werden aus der Region rekrutiert und bezahlt, umliegende Dörfer sollen vom Tier-Tourismus profitieren. Es darf modifiziert gejagt oder das Recht dazu veräußert werden, das Fleisch gegessen oder verkauft werden. Schulung vor allem der Kinder soll durch Information auch Identifikation mit und Stolz auf die heimischen Tierarten schaffen. Auswilderungsprogramme, das ist mittlerweile allgemein anerkanntes Fazit, machen nur dann einen Sinn, wenn die teuren Nachzuchten in eine halbwegs intakte Umgebung entlassen werden können. Das Prinzip Hoffnung aber hat seine Grenzen. Manche Arten überleben derzeit nur noch in Zoos, sind nur noch Erhaltungszuchten, mancher Tierbestand ist dort größer als in Freiheit. Erfolgsgeschichten wie die von den fast ausgestorbenen goldgelben Löwenäffchen sind die Ausnahme. Berühmt wurde der kleine Delos, 1986 im Frankfurter Zoo geboren, 1988 im brasilianischen Regenwald ausgewildert, ein Jahr später Familienvater.

Auswilderungsprogramme haben ihre Kritiker. Sie haben allerdings auch genuine Gegner wie den Naturschutzbund Nabu und den Verband deutscher Zoodirektoren langfristig wieder miteinander versöhnt. Im Sommer 2000 versicherten sie sich ihren gegenseitigen Respekt. Der Nabu schützt Schneeleoparden in Kirgisien, der Krefelder Zoo züchtet nach. Welche Tiere erhalten und möglicherweise erfolgreich ausgewildert werden können, entscheidet einmal jährlich ein internationales Experten-Komitee der „Captive Breeding Specialist Group". Die Programme sind langfristig und langwierig, die meisten Befruchtungen bedrohter Arten finden nach strenger Kontrolle des genetischen Materials im Reagenzglas statt. Für viele der derzeit 30 000 bedrohten Tier- und Pflanzenarten ist es ohnehin zu spät. Auch das ist für Streit gut. Was soll mit den letzten ihrer Sorte geschehen? Sollen sie in Würde und Freiheit aussterben dürfen oder durch Konservierung in Genbanken bis auf den Sankt-Nimmerleins-Tag konserviert werden? Der letzte Spix-Ara erfreute sich in seiner Einsamkeit im brasilianischen Regenwald einer Überwachung rund um die Uhr. Die letzten drei kalifornischen Kondore wurden nach langen, öffentlichen Diskussionen eingefangen, um mit Artgenossen aus der Gefangenschaft irgendwann einmal eine neue Population begründen zu können. Die ersten Nachkommen, die in einer Wüste bei Los Angeles aus den Käfigen entlassen wurden, sahen allerdings wenig rosigen Zeiten entgegen. Ihre Beute war derart von Umweltgiften verseucht, dass sie darauf trainiert werden mussten, nur von Menschen extra für sie ausgelegtes Aas zu fressen.

Aber manchmal gibt es ja auch gute Nachrichten. Die Natur richtet sich in Räumen ein, die dafür eigentlich nicht vorgesehen waren. Truppenübungs- und Schießplätze entwickelten sich zu ökologischen Nischen, verschollen geglaubte Arten werden wiederentdeckt. Und, meldete eine wissenschaftliche Zählung im März 2002, der Feldhase ist auch nicht mehr bedroht, das spektakuläre Hasensterben hat nicht stattgefunden. Dass diese gute Nachricht vom Deutschen Jagdschutz-Verband stammte, muss nicht unbedingt zu denken geben. Und manchmal machen sich die Tiere die Menschen ja auch zunutze, wie, je nach Interessenlage, umgekehrt. Ein Feldhamstervorkommen verhinderte jahrelang einen geplanten Neubau der Universität Göttingen. Die Ausbaugegner des Frankfurter Rhein-Main-Flughafens begründeten 2002 ihren Widerspruch gegen eine neue Landebahn im Süden des Flughafengeländes mit dem Vorkommen seltener Vogelarten, geschützt durch das Flora-Fauna-Habitat. Mag sein, dass das Prinzip Hoffnung wechselseitig funktioniert. Und wer kann schließlich für den Erhalt der eigenen Art besser werben als das Tier selbst? Die Otter im Otter-Zentrum in Hankensbüttel haben ihren Fulltime-Job jedenfalls erfolgreich geleistet. Und die Schwarzhalstaucher jedenfalls haben es geschafft, eine ehemalige Tongrube im südhessischen Mainhausen ganz ohne äußeres Zutun der Menschen vor der Verfüllung mit Bauschutt zu bewahren. Im Frühjahr 2002 schließlich durften die lernfähigen Menschen mit Sorgen und Bangen im Internet die Aktion Storchenzug verfolgen. Wird die norddeutsche Weißstörchin Prinzesschen es vom Kap der Guten Hoffnung in Südafrika wieder bis nach Hause schaffen? Und was wird aus Jonas, Sophia, Annamarie, Felix und Valinka werden? Abschuss live per Mausklick? Sophia und Valinka sind verschollen. Prinzesschen bewies öffentlich, dass Tiere nicht die besseren Menschen sind. Sie erreichte das heimische Nest nach ihrem ungetreuen Storchenmann Jonas und machte aus dem Gelege einer schnelleren Rivalin Rührei.

Auf leisen Pfoten zurück ins Revier

Die fast ausgestorbene Wildkatze siedelt sich wieder in den Mittelgebirgen an. BiologInnen kommen dem scheuen Tier nur langsam auf die Spur. Horrormärchen und Jägerlatein über das „Raubzeug".

Felis silvestris Schreber, die Europäische Wildkatze, sitzt auf einem Baumstumpf. Sie blickt über die linke Schulter in Richtung ihres buschigen, markant geringelten Schwanzes mit der schwarzen, stumpfen Spitze. Das Fell ist dicht, rau und gelblich wie Ährengrannen, verwaschen grau gestreift. Über das Rückgrat zieht sich längs ein dunkler, schmaler „Aalstrich" vom Nacken bis zur Schwanzwurzel. Ab und zu blinzelt das weibliche Katzentier aus hellen, schiefergrünen Augen träge in die Wintersonne. Dann reckt es sich ausgiebig, sträubt gähnend die prächtigen Schnurrhaare. *Felis silvestris* ist an diesem Tag im späten Januar 1993 so rollig wie Nachbars Mieze und schreit ihr heiser-helles „Miaauu" durch den Wildpark. Die männliche Wildkatze, der Kuder, mag nicht. Er rührt sich nicht aus seinem Unterschlupf. „Der ist vielleicht noch fertig von heute nacht", sagt der Leiter des Tierparks Fasanerie in Wiesbaden, Dirk Neumann. Die beiden Katzenjungen aus dem Vorjahr sind inzwischen in die Auswilderungs- und Aufzuchtstation für Wildkatzen im bayerischen Wiesenfelden umgesiedelt worden. Der nächste Wurf wird wahrscheinlich Mitte April zur Welt kommen.

Die Europäische Wildkatze ist ein „sehr heimlich lebendes und menschenscheues Tier", gar das „heimlichste Raubwild", schreibt Rudolf Piechoki aus Halle in dem Standardwerk *Die Wildkatze*. Darüber, ob sie eine eigene Art ist, streiten sich die Gelehrten seit dem 19. Jahrhundert und sind damit noch lange nicht zu einem Ende gekommen. Neuere Untersuchungen halten sie für eine eigenständig fortentwickelte, aber enge Verwandte der asiatischen und afrikanischen Steppenkatzen *(Felis silvestris lybica)*, zu denen die Falbkatze als unbestrittene Vorfahrin der Hauskatze gehört. Laien ist es, da ist sich Dirk Neumann sicher, „völlig unmöglich", sie von gewöhnlichen Stubentigern zu unterscheiden. Das gilt erst recht für die Jungen, deren Streifen wesentlich schärfer gezeichnet sind als die der Alttiere. Die Wildkatze, merkt der Biologe Elmar Hoßfeld an und stößt sich dabei schon an dem Begriff, sehe außerdem wesentlich weniger „wild aus, als manche der derzeit modernen Zuchtformen der Hauskatze". Wild, tadelt er, „das heißt doch nichts anderes als nicht zahm! Sie meiden die Menschen."

Und so ist sie auch still und klammheimlich – wie das eben ihre Natur ist – und nur von wenigen Experten beobachtet in die deutschen Mittelgebirge zurückgekehrt, nachdem sie in den ersten Jahrzehnten des 20. Jahrhunderts als fast ausgestorben galt. Sie lebt im Pfälzer Wald und im Harz, im Reinhardswald, in der Rhön, im Rheingau, der Eifel und im Hunsrück. Wirklich leibhaftig gesehen haben sie allerdings nur sehr wenige Menschen. Und das wird auch so bleiben. Deshalb sei die Geheimhaltung ihrer Reviere, wie noch in den letzten Jahren manchmal praktiziert, veraltet und überflüssig. Hoßfeld: „Einen Wildkatzen-Tourismus kann es gar nicht geben." Die Wildkatze jagt vorwiegend in der Dämmerung. Nur in abgelegenen Gegenden genießt sie auch einmal, Wärme liebend wie ihre afrikanischen Verwandten, ein Bad in der Mittagssonne. Große Kälte, Schnee und Nässe im Frühjahr machen ihr, und noch mehr ihren Jungen, zu schaffen. Bei Regen verlässt die Energiesparerin ihr Versteck oft tagelang nicht. Wichtiger sei es, ihr durch Öffentlichkeit Schutz zu bieten. Hoßfeld: „Außerdem nimmt man den Menschen sonst auch etwas weg."

Obwohl die Wildkatze ganzjährig geschützt ist, erholen sich die wenigen Bestände nur langsam. Der „Aktionskreis Wildkatze", zu dem sich im Januar 1992 rund 40 ExpertInnen locker zusammengeschlossen haben, weiß um die Bedürfnisse der Tiere. Sie brauchen einen vielfältigen, artenreich strukturierten Lebensraum mit lockerem Mischwald, Unterholz, Lichtungen und trockenen Höhlen in alten Bäumen. Außerdem müssten die kleinen, „inselartigen Populationen" sich geschützt vernetzen können, zum Beispiel entlang von Bächen und Flussauen. Neuere der wenigen Erkenntnisse über die Lebensräume stammen von Telemetrie-Untersuchungen aus Frankreich und Schottland. Durch Sender ließ sich orten, dass Wildkatzen nicht solche strengen Einzelgänger sind wie die Luchse. Sie treffen sich in ihren Revieren auch hin und wieder außerhalb der Ranz, verändern ihr Verhalten zueinander je nach Nahrungsangebot. Vor allem die Weibchen haben oft Gebiete, die sich mit denen von Männchen überschneiden. Auch Größe und Fellfarbe können variieren. Die Biologin Ulrike Reif stellt dazu fest: „Man müsste das alles mal gründlich vergleichen. Wir haben bisher viele Einzelinformationen, aber keine Regeldaten."

Das allein nützt *Felis silvestris* aber noch gar nichts. Sie stand nach der Ausrottung von Bären, Wölfen und Luchsen in Deutschland lange Zeit als Nummer eins auf der Hassliste der Jäger und Bauern, galt als gefährliches „Raubzeug". „Alles, was Eckzähne hat", sagen KritikerInnen verbittert, „ist hier gnadenlos ausgerottet worden." Dabei hatte schon „Tiervater" Alfred Brehm im 19. Jahrhundert eine Lanze für die Wildkatze als Mäusefängerin gebrochen. Neuere Analysen sind da genauer. Über 90 Prozent der Beute besteht aus einem Cocktail aus Feld-, Wald-, Wühl- und sonstigen Mäusen. Dass sie in Notzeiten auch Aas und geschwächte, größere Tiere erbeuten, wurde bei älteren Untersuchungen des Mageninhaltes getöteter Wildkatzen festgestellt. Das trug zu ihrem schlechten Ruf bei. Auf die für sie unökonomische Vogeljagd gehen sie nur selten, haben dabei auch wenig Jagdglück, denn sie erwischen nur kurze Zeit im Frühjahr Jungvögel, die die ersten Flugversuche machen. Dagegen sind alle Wildkatzen gute Schwimmerinnen und können geschickt Fische fangen.

Brehm nahm die Wildkatze zwar in Schutz, berichtete aber dennoch die Geschichte eines Jägers, der von einem Tier angefallen und so schwer an Kopf und Nacken verletzt wurde, dass er starb. Auch die Brüder Grimm trugen in ihrer Märchensammlung mit den „Bremer Stadtmusikanten" zur Katzenangst bei: „Aber die Katze verstand keinen Spaß, sprang ihm ins Gesicht, spie und kratzte."

Die Wildkatze fand bei den Menschen selten „etwas Besseres als den Tod“. Zur allgemeinen mittelalterlich-christlichen Katzenfurcht vor dem Hexentier taten das Jägerlatein und die Phantasien der Tierpräparatoren, die Katzenexponate oft als fauchende Bestien ausstaffierten, ihr Übriges. Die Jagdzeitschrift *Hubertus* bildete 1925 eine Dermoplastik mit dem dramatischen Titel „Das Ende“ ab: eine ausgestopfte Wildkatze krallt sich mordgierig um den Hals eines balzenden Auerhahns. Die Rachen anderer Katzen-Präparate sind blutrünstig aufgerissen, die Krallen gespreizt, der fleischfarbene Nasenspiegel, eines der wichtigsten Erkennungsmerkmale der Wildkatze, ist finster eingeschwärzt.

An all diesen Schauergeschichten, sagt der Förster und Katzenexperte Frank Raimer von der Niedersächsischen Forstverwaltung, ist nur eines wahr: Eine in einer Falle gefangene Wildkatze mit zerschmetterter Pfote wird, ebenso wie jede Hauskatze auch, nicht gerade vor Vergnügen schnurren. Raimer ist im Harz „sozusagen mit den Wildkatzen aufgewachsen“ und weiß sie deshalb zu finden. Er weiß von einem Kollegen, der ihnen im Schwarzwald durch Kotfunde und Kratzspuren an den Bäumen auf die Schliche gekommen war. Der habe trotz seines Wissens über die Lebensräume und -bedingungen über zehn Jahre Geduld gebraucht, bis er die erste lebende Wildkatze zu Gesicht bekam. Raimer habe, sagen viele seiner Kollegen, dafür „wirklich ein ganz besonderes Händchen“. Er selbst mag das nicht bestreiten. Man müsse aber schon „ein richtiger Waldläufer sein“, also leise, lange und geduldig auf seinem Beobachtungsposten ausharren können. Auch Raimer verweist auf den Nutzen der Mäusefängerin: „Darüber sollten wir bei dem heutigen Zustand der Wälder nur froh sein.“ Und: „Es gibt dort viel mehr Mäuse, als gefressen werden können.“

Die drei Hauskatzen von Elmar Hoßfeld und Ulrike Reif sind scheu, zwei von ihnen ähneln ein wenig ihren wilden Vettern. Hoßfeld sinnt über den Namen seiner Studienobjekte nach. Möglicherweise habe sich der erst im Laufe der Jahrhunderte zur „Wildkatze“ entwickelt. Brehm jedenfalls kannte sie auch als Waldkatze oder -kater und „Baumreiter“. Aber auch das, denkt Hoßfeld weiter, sei vielleicht historisch nicht so ganz richtig gewesen. Zwar komme die Katze heute fast nur noch in baumbestandenen, mittleren Gebirgsgegenden vor, aber das, mutmaßt er, müsse nicht immer so gewesen sein. Möglicherweise habe sie sich dorthin aus anderen Lebensräumen, zum Beispiel den Flussauen, vor den Menschen zurückgezogen. Dabei geben sich die Jäger in den letzten Jahren durchaus Mühe, ihren Ruf als Katzenfeinde loszuwerden. Die „Schutzgemeinschaft Deutscher Wald“ machte sie im Herbst 1992 sogar zu ihrem „Tier des Jahres“. Artenschützer trauen dem Braten allerdings nicht so ganz. Denn in einer Mitteilung zur Nominierung heißt es, man wolle zwar die Wildkatze schützen und hegen, nicht aber streunende Hauskatzen. Der Abschuss von Hauskatzen, meinen die Jäger nun mit neuer Argumentation für altes Handeln, sei weiterhin notwendig, um die „Zerstörung der genetischen Integrität durch Kreuzung mit den verschiedenen Arten der Hauskatze“ zu verhindern.

Diese präventive Art des Artenschutzes aber bringt die Wildkatze, neben dem Straßenverkehr, durch unausweichliche Verwechslungen immer wieder um. Doch während sich noch im 19. Jahrhundert ein Förster, der „Katzenjäger von der Hohen Rhön“, der Strecke von 43 Tieren rühmte, werden heute versehentlich oder absichtlich erlegte Wildkatzen oft verschämt und diskret zur Seite geschafft. In den Wäldern wirklich schädlich wildernde, entlaufene Hauskatzen gibt es eigentlich gar nicht, sagen Raimer und Hoßfeld übereinstimmend. Die Haustiere halten sich an ihre eigenen Reviere in Menschennähe. Allein im Wald wären sie hoffnungslos verloren und könnten gar nicht überleben. Auch die Befürchtung, dass Bastarde, so genannte Blendlinge, sich vermehren und im Wald die Art verfälschen könnten, ist Fiktion. Dass Wildkatzenweibchen sich mit Hauskatern gepaart hätten, ist bisher in keinem einzigen Fall belegt. Es könne schon sein, sagen die Wildbiologen, dass junge Kuder, wenn sie auf Standortsuche auf die Wanderung am Randgebiet der eigenen Population gehen müssen, auch einmal einer weiblichen Hauskatze zu nahe treten. Deren Junge, ist jedoch die allgemeine Erfahrung, wachsen dann beim Muttertier und damit bei den Menschen auf. Sie sind meist nur etwas scheuer als ihre domestizierten Verwandten. Gäbe es größere Vermischungen, vermutet Hoßfeld, hätten die beide Katzen-Unterarten nicht so lange unabhängig voneinander überleben können. Er fordert deshalb zum Ärger etlicher Jäger: „Es dürfen gar keine gestreiften Katzen mehr gejagt werden.“ Dort, wo Wildkatzen vorkommen, sollten außerdem keine Fallen aufgestellt werden, auch nicht gegen Steinmarder, Waschbären und Hauskatzen, weil mit Fallen nicht „selektiv“ gejagt werden könne. Sie wollen „eine Chance für die Wildkatze“ und hoffen auf den dauerhaften Erfolg mehrerer Auswilderungsprojekte.

Die Ise und die Aktion Otterschutz

Der Fluss Ise in Niedersachsen wird renaturiert. Der Fischotter mutiert dabei zum Indikator für intakte Wassersysteme. Die Mitwirkung der Bevölkerung ist gefragt, aber eher spärlich.

Heidschnuckenrücken mit Rosmarin, Thymian, Wacholder und Rotwein, das Rezept mag Vegetarier schütteln. Die elf MitarbeiterInnen des Projektes „Revitalisierung der Ise“ in Hankensbüttel freut es, denn Heidschnucken sind nicht nur eine alte, regionale Schafrasse, sondern auch „extensiv“. Das wünscht sich Projektleiter Oskar Kölsch auch von Kartoffeln, Rüben und Rindern, am besten den ganzen, 42 Kilometer langen Flusslauf und die noch einmal 378 Kilometer Nebengewässer entlang. Die Ise ist ein kleiner Fluss, der nördlich von Wittingen in Niedersachsen aus mehreren Bächen zusammenrieselt, im künstlich angelegten Bett den Elbe-Seiten-Kanal unterquert und bei Gifhorn in die Aller mündet. Das Projekt begann 1990 und wurde bis ins Jahr 2000 fortgesetzt. Finanziert wurde es vom Bundesumweltministerium, vom Land Niedersachsen, dem Landkreis Gifhorn und aus Spenden und Einnahmen der „Aktion Fischotterschutz“, die auch Träger und Zentrale des Projektes ist.

Nein, sagt Kölsch, „die Ise soll nicht zurückgebaut“ werden. Zum einen mangele es an alten Karten, die den ursprünglichen Lauf des Flusses dokumentierten, zum anderen sei „diese Baggerei, bei der es mäandern muss“, auch wieder Zerstörung zugunsten „einer romantisierenden Naturvorstellung“. Der Lauf der Ise habe sich während der Jahrhunderte immer wieder verändert. Kölsch setzt deshalb „auf die gesteuerte Eigendynamik“ des Flusses. Und das bringt die Hankensbütteler in Konflikt mit anderen Natur- und Artenschützern. Dass 70 Prozent der 16 Millionen Mark Fördermittel für den Ankauf und Tausch von Ackerflächen ausgegeben wurden, auf denen kein schützenswertes Hälmchen oder Käferchen zu entdecken ist, scheint den Kritikern Geldverschwendung. Und der Bevölkerung gefällt das nun dort wuchernde „unordentliche Unkraut“ erst recht nicht. Kölsch setzt dagegen, dass Naturschutz eben Geduld brauche und nur einen Sinn mache, wenn er „auf 100 Prozent der Fläche“, also auch auf der durch Menschen genutzten, stattfinde. „Natur-Reservate“ für Enzian und Kröten wiederum finden in Hankensbüttel wenig Anklang. Stattdessen sollen kleine Schritte langfristig wirken: „Das muss später hier vor Ort von den Menschen getragen werden. Wenn wir weg sind, kann nicht alles wieder werden wie vorher.“ Konkret heißt das, Acker in Weideflächen umzuwandeln, weniger und später zu mähen, Randstreifen zum Ufer stehen und Hecken im Gelände wachsen zu lassen, Kläranlagen zu verbessern. Auch im Fluss soll nicht mehr so oft oder gar nicht gemäht und die Flusssohle nur an wenigen Stellen ausgebaggert werden.

Dass die Menschen in der Region, die im Umland als „sture Heidjer“ gelten, misstrauisch sind, wirtschaftliche Verluste, Überschwemmungen und Mückenplagen fürchten, kann der Agrarökonom Kölsch gut verstehen. Der Sandboden ist karg, die Erinnerungen an „ganz schlechte soziale Verhältnisse“ sind in der Region noch wach. Die Schönheiten der Heidelandschaften lagen den Menschen zu Beginn des 19. Jahrhunderts noch ebenso wenig an Herz und Gemüt wie die Wälder. Manfred Kühn zitiert in der Zeitschrift *Prisma* eine Reisende, die die Lüneburger Heide im Jahr 1801 durchquerte: „Die Eile war das Beste von der Reise, denn hilf Himmel welch' ein Land! Ich wurde seekrank von dem einförmigen Anblick der Heide und des Himmels."

Das Projekt, betont Kölsch, brauche die Freiwilligkeit der Menschen, die weiter von Landwirtschaft und Tourismus leben müssen und Freizeitsport treiben wollen. „Einbeziehung der Betroffenen" und „Freiwilligkeit" sind ihm das Wichtigste, auch bei Behörden und Verbänden. Die Bauern können das von dem Projekt gekaufte Land unter Auflagen sehr billig pachten oder eigenes Land gegen Entschädigung extensiv bewirtschaften. Erste Versuche, umweltschonende Produkte zu vermarkten, hat es mit Kartoffeln gegeben. Einer der vorher größten Kritiker des Projekts baute sie auf einem Versuchsfeld an. Auch Gemüse, Getreide und Rindfleisch könnten, kommt Kölsch ins Schwärmen, regional vermarktet werden. Dass es nicht so einfach ist, vor Ort auf den guten Willen und die Bereitschaft zur Mitarbeit zu zählen, weiß er mittlerweile. Da gab es Drohbriefe und -anrufe. Im Dezember 1993 brannte das Hauptgebäude des Fischotter-Zentrums mit Cafeteria und Otter-Shop aus. Wenige Wochen später kippten Unbekannte Heizöl in den Otterbach. Im Januar 1994 lag ein toter Steinmarder vor der Tür, im April gab es wieder einen Anschlag. Die Ruinen des Gebäudes stehen im Sommer 1994 schwarz am Ufer des Isenhagener Sees, weil das Geld für den Neuaufbau fehlt und die Besucherzahlen drastisch zurückgingen.

Dass ausgerechnet der Geschäftsführer der „Aktion Fischotterschutz", der ehemalige Förster Claus Reuther, in der regionalen Gerüchteküche als Brandstifter in Verdacht geriet, ärgert ihn sichtlich. Aber er ist optimistisch: „Wir lassen uns nicht unterkriegen!" Dafür sorgte auch eine unerwartete Solidaritätswelle. Währenddessen wird in Hankensbüttel improvisiert. Café und Laden zogen in die Scheune zu den Steinmardern, die hier ebenso gezeigt werden wie Baummarder, Iltisse und Dachse. Auf Spiel-

und Erlebnispfaden wird Natur nicht nur sichtbar gemacht, sondern kann auch gerochen und gefühlt werden. Zivildienstleistende beantworten geduldig Fragen: „Wie heißt der, was frisst er, was wiegt er?“ Nein, die flauschigen Otterhunde, eine in England seit dem 12. Jahrhundert gezüchtete und ebenfalls bedrohte und hier bewahrte Jagdhundrasse, „werden nicht mit Weichspüler gewaschen“.

Hauptattraktion aber sind die Otter. Ulla und ihre anderthalbjährigen Jungen Gerry und Gesa sind von der Art der Eurasischen Fischotter *(Lutra lutra)* und im Hauptberuf die Zugpferde des Otterzentrums. Sie müssen für das Publikum sichtbar sein. Deshalb verspeist Ulla zur Mittagszeit zierlich ein Kükenbein. Die eigentlich dämmerungs- und nachtaktiven Tiere werden zweimal täglich zur Besucherzeit gefüttert. Das mag nicht ganz artgerecht sein, bringt aber Geld in die Kassen. Claus Reuther hofft, dass sich die geringen Populationen, die westlich und östlich des Flusses überlebten, an der Wanderungs-Barriere Ise-Niederung auch außerhalb des Zentrums irgendwann wieder heimisch fühlen werden. Vom „Vernetzen“ auf schmalen, naturbelassenen Bachufern und Feldrainen hält er nicht viel. Nur wenn die gesamte Landschaft einbezogen werde, könne sich die Natur erholen. Und mit ihnen die Otter, die mit ihren runden Gesichtern, den Knopfaugen, den eleganten Bewegungen und der possierlichen Verspieltheit so trefflich geeignet sind als Wappentiere, als von den Menschen emotional besetzte „Leimruten“ des Naturschutzes. Manchmal fürchtet Reuther, die Popularität der Tiere könne das Anliegen überdecken. Dass die Otter bis auf winzige Restbestände aus Niedersachsen verschwunden sind, lag nicht daran, dass die Parole für Fischer und Jäger bis in das 20. Jahrhundert „Tod dem Otter“ hieß. Erst die intensive Land- und Wassernutzung nach dem Zweiten Weltkrieg dezimierte sie nachhaltig. Zum Schutz der Otter, rechnet Reuther vor, wären für 200 Tiere 2000 Kilometer halbwegs intakter Wasserwege mit Uferbereichen von 60 000 Hektar Land als Schutzgelände vonnöten. Nur saubere Wassersysteme könnten die Otterpopulationen wieder regenerieren.

Es ist schwer für die Mitarbeiter, die in vier Jahren gemachten Fortschritte vorzuzeigen. Die Spuren intensiver Land- und Wasserwirtschaft sind an der Ise unübersehbar und werden das noch lange bleiben. An vielen Stellen rennt der Fluss schnurgerade zwischen ufernahen Rüben- und Kartoffeläckern dahin. Dort aber, wo sein Bett versuchsweise nicht ausgebaggert wurde und Pflanzen wie der Flutende Igelkolben im Wasser wachsen dürfen, verändert sich die Fließgeschwindigkeit. Und dort, wo der Fluss „ein wenig selbst am Ufer geknabbert hat", ebenfalls. Kleine Erlen klammern sich an vorher kahl geschorene Böschungen. „Die wachsen da ziemlich illegal", sagt der Landschaftsplaner Michael Puseck und freut sich „auch über Kleinigkeiten". Der Biologe Karsten Borggräfe setzt nach: Büsche und Bäume spenden Schatten. Im Schattenbereich kann der Fluss nicht völlig verkrauten, muss also nicht ständig gemäht werden. Außerdem fördere die Mäherei genau das Verkrauten, das sie eigentlich bekämpfen wolle, durch Begünstigung schnell wachsender Pflanzen. Also: links am Ufer Bäume, rechts im Wasser Flutender Igelkolben. Ergebnis: Der Fluss fließt, aber die Geschwindigkeit pendelt.

Und dann fliegt doch pfeilschnell ein Eisvogel vorbei, sitzt ein Neuntöter auf dem Weidezaun, als seien die seltenen Vögel zu Demonstrationszwecken bestellt worden. Dass sich an der Wasserspielstelle des Fahrrad-Lehrpfades, an der Kinder planschen und die Steine im Bach umdrehen können, ein Flusskrebs nebst Brut eingefunden hat, ist fast zu schön, um wahr zu sein: „Den habt ihr da reingesetzt?" Nein, bestimmt nicht! Ob das vier Zentimeter lange Tier nun eine einheimische oder die diese verdrängende amerikanische Spezies ist, können die beiden Experten allerdings auf den ersten Blick auch nicht erkennen.

Und Schluss mit der Idylle. Nach Eisvogel und Flusskrebs kommt das Fischsterben. Kilometerweit treiben tote Fische aller Größen mit den weißen Bäuchen nach oben, verfangen sich in Flussschleifen und Ufergestrüpp. Auch das ist nicht bestellt, sondern erst einmal unbekannter Herkunft. Als Verursacher wird die Kläranlage in Wesendorf verdächtigt, denn oberhalb ihres Einleiters ist in der Ise kein toter Fisch zu finden. Direkt an der Mündung des Klärwasserzuflusses aber dümpeln sie dicht an dicht in den Teichrosen. Die Kläranlage liegt zwischen Feriensiedlung, Schießplatz und Mülldeponie. Die beiden Angestellten des privaten Betreibers sind freundlich, wollen aber ihre Messwerte nicht nennen und verweisen auf den Landkreis, den sie bereits über „leicht erhöhte Schadstoffwerte" informiert haben. Sommerhitze plus eben diese „leicht erhöhten Werte", das könnte den Fischen durchaus den Garaus gemacht haben.

Die „behutsame Revitalisierung der Ise" sollte nur wenige Baumaßnahmen erfordern. Ein abgetrennter Fischteich wurde statt der verschwundenen Altarme wieder an den Fluss angebunden, die Staustufe an der Wassermühle Wahrenholz wurde abgeflacht. Der Müller war für sein Staurecht entschädigt worden, ein Förderverein plante, in dem Gebäude ein Museum einzurichten. Das Ise-Projekt ist umfassend mit Wasseranalysen, Messungen und Sortenzählungen wissenschaftlich begleitet worden. Ob die für die Heidegewässer typischen Pflanzen und Tiere sich langfristig wieder einfinden werden, wird die Zeit weisen. Dass im Winter 1993 Otterspuren gesichtet wurden, stimmte bedingt optimistisch. Möglicherweise sei da nur ein Hoffnungsträger des Naturschutzes aus den neuen Bundesländern auf der Durchreise gewesen. Die „Aktion Fischotterschutz" setzte damals darauf, dass, zumindest fischottermäßig, die Bundesländer Sachsen, Sachsen-Anhalt und Mecklenburg-Vorpommern mit Niedersachen zusammenwachsen könnten. Der niedersächsische Umweltminister Jüttner meldete Anfang März 2002 Vollzug. Im Gebiet zwischen Aller und Elbe seien die Wassermarder wieder heimisch geworden.

Dieser Vogel darf nicht sterben

1998 kam ein Schwarzhalstaucherpaar. Im Frühjahr 2001 waren es sieben. Sie brüten neben Zwergtauchern, Reiherenten und Flussregenpfeifern und verhinderten die Verfüllung einer ehemaligen Tongrube mit Bauschutt.

Dunkelgrün, türkis, hellblau: Eine schimmernde Kette von Teichen und Seen reiht sich aneinander. Flache Uferzonen, steile Abbruchkanten, dichte Schilfgürtel, Wald kilometerweit. Am hohen Himmel singt eine Heidelerche, ein Neuntöter schaukelt auf einem Kiefernast. Ein Paradies? Ach was, nicht im urbanen Speckgürtel von Frankfurt am Main, im dicht industrialisierten Südosten Hessens. Die Autobahn A 45 übertönt das Waldesrauschen, Lastwagen stauben durch den Forst bei Mainhausen. Der Bauschutt donnert von den Ladeflächen, Raupenketten walzen ihn mit Getöse platt. Der Naturschützer und Ornithologe Ernst Böhm ist dennoch zufrieden und sagt: „Die Autobahn ist ein wahrer Segen!" Der Lärm hält die Erholungssuchenden fern. Den Schwarzhalstauchern ist er sowieso egal. Sie paddeln im sicheren Wasser der Bong'schen Tongrube hinter einem hohen Zaun, der Zugang – „Privatweg. Gesperrt" – ist mit einem schweren Eisentor verschlossen.

Das ist seit den 80er-Jahren so. Turbulente, aber auch schöne Zeiten der Einigkeit waren das einst im Ort. Da zogen die Mainhausener alle an einem Strang. Damals gewann David gegen Goliath. 1972 stellte die mächtige Hessische Industriemüll-GmbH (HIM) einen Antrag, die bereits von der Basalt AG ausgebeutete, stillgelegte Tongrube als Sondermülldeponie nutzen zu dürfen. Die Bürger der beiden damals noch getrennten Anliegergemeinden Mainflingen und Zellhausen waren entsetzt und stritten vergeblich gegen den Giftmüll in ihrem Wald. 1981 besetzten sie die

Grube und bauten ein Hüttendorf, um die Rodungsarbeiten zu verhindern. Sofortvollzug wurde angeordnet, die Polizei räumte, 4000 Bäume wurden gefällt. Die Mainhausener, allen voran der CDU-Bürgermeister Dieter Gröning, gaben nicht auf und verlegten sich auf die komplizierte Materie des Wasserrechts, auf Expertisen und Klagen zum Schutz des größten Trinkwassereinzugsgebietes der Bundesrepublik. Drei Millionen Mark kostete das die Gemeinde, die sich dabei hoch verschuldete. Die Beharrlichkeit zahlte sich aus. 1986 kippten Gerichte unter der Ägide des grünen Umweltministers Joschka Fischer das Planfeststellungsverfahren und den Sofortvollzug. Die HIM ging in die zweite Runde, beantragte ein neues Verfahren und blamierte sich öffentlich, musste Schlampereien, Fehler, falsche Angaben über den Grundwasserspiegel eingestehen. 1994 gab sie auf. Die Gemeinde feierte und kaufte die Grube mithilfe von Land und Kreis für neun Millionen Mark selbst, um künftigem Unheil vorzubeugen. Bürgermeister Gröning galt als einer der Vorreiter des Abwehrkampfes und erzielte hohe Wahlergebnisse.

Vom Sand-, Kies- und Tonabbau lebte die Region schon im 19. Jahrhundert, eine Grube neben der anderen entstand auf dem kargen Boden. Die Menschen bauten ihre Häuser aus Lehm. Viele der Gruben sind leer geräumt, aufgegeben, die meisten mit Grundwasser zugelaufen. Einige wurden verfüllt und wieder aufgeforstet. Für den Ornithologen und Naturschützer Ernst Böhm ist jede noch erhaltene ein wertvolles Biotop. Das schafft jetzt Interessengegensätze bei den einstigen Kampfgefährten. Denn für Bürgermeister Gröning ist jedes Loch im Boden auch eines, das die Haushaltskasse der klammen Gemeinde füllen könnte. Vorbei ist die Zeit des gemeinsamen Kampfes, damals Beispiel der Zivilcourage bundesweit, in Hessen außerdem Grundlage der ersten schwarzgrünen Koalition auf kommunaler Ebene. Seit die HIM endgültig auf ihr Giftmüll-Projekt verzichtete, ist die Gemeinde gespalten. Nicht Gerichte oder Politik verhalfen dem Ort zum Erfolg, sondern ein umstrittener Deal. Die parteiübergreifende Einheitsfront von Bürgermeister, Gemeinderäten, Bürgerinitiativen und Naturschützern zerbrach, als sich Gröning im Alleingang und jahrelang glücklos um eine neue Nutzung der Grube bemühte und einen Vorvertrag mit einer Tochter des Anlagenbauers Lurgi zum Bau ausgerechnet einer Reinigungsanlage für vergiftete Böden unterzeichnete. Das Projekt scheiterte ebenso wie der Plan, den Tonabbau wiederzubeleben.

Seither stagnierten die Nutzungspläne. Die Grube blieb fast zehn Jahre lang sich selbst überlassen. Naturschützer zählten die Tiere im herangrünenden Biotop: 22 Vogel-, 15 Libellen-, 30 Schmetterlingsarten. Der Kreis Offenbach favorisierte als neue Nutzung ein Naturschutzzentrum im ehemaligen Laborgebäude der HIM, die örtliche SPD schlug ein kleines Museum zur Dokumentation von Zivilcourage und Widerstand vor. Unbelasteter Bauschutt, das war der letzte Plan der nun absoluten CDU-Mehrheit im Gemeinderat, sollte innerhalb von zehn Jahren zwei Drittel der Grube wieder auffüllen und wenigstens einige Millionen Mark einbringen. Ein Antrag auf Wiedernutzbarmachung war beim Regierungspräsidium Darmstadt eingereicht und stand kurz vor der Genehmigung.

Bürgermeister Gröning hatte dabei zwar mit dem erbitterten Protest der Naturschützer, nicht aber mit der Natur selber gerechnet. Die kam in Gestalt des Schwarzhalstauchers *(Podiceps nigricollis)* über ihn, eines scheuen, vom Aussterben bedrohten Wasservogels, selten in Deutschland, noch seltener in Hessen mit bisher nur vier Brutpaaren im fernen, mittelhessischen Vogelsberg. Die Schwarzhalstaucher stehen auf der Roten Liste unter Kategorie I verzeichnet, also gerade noch nicht ganz ausgestorben. 1998 hat Ernst Böhm die Tiere zum ersten Mal in Mainhausen gesehen: „Da habe ich noch nichts gesagt." 1999 aber tauchte wieder ein Paar auf und nahm Heimstatt in dem kleinen See. Es gesellte sich zu den verwandten und ebenfalls gefährdeten Zwergtauchern *(Tachybabtus ruficollis)*, zu Reiherenten und Flussregenpfeifern und brütete. Im Jahr 2000 kamen dann zwei Paare und zogen Junge auf. Im Frühjahr 2001 explodierte die kleine Kolonie nachgerade und erreichte auf den 16 Hektar Seefläche die höchste Brutdichte in Hessen:

sieben Brutpaare und ein Jungvogel aus dem Vorjahr landeten auf dem Gewässer und begannen, ihre Nester zu bauen. Ende Juni schlüpften die Jungen. Böhm hatte schon im April Alarm geschlagen. „Seither", vermutet er, „sieht der Gröning rot, wenn er meinen Namen hört."

Das Federvieh veränderte schlagartig die behördlichen Zuständigkeiten, die durch sein Auftauchen nun beim hessischen Umweltminister lagen. Bürgermeister Gröning war sauer. Auf offiziellem Weg waren die plötzlich populär gewordenen Vögel auf einmal nicht mehr zu besichtigen. Er ließ das Eisentor zum Gelände fest verschließen und hütete den Schlüssel. Pressebesuche, teilte er einer seiner Kontrahentinnen, der SPD-Gemeinderätin Ruth Disser, leicht schlitzohrig mit, seien nicht mehr möglich. Sie könnten die Schwarzhalstaucher beim Brutgeschäft stören. Da gab auch Naturschützer Böhm klein bei, lächelte fein, und verlegte sich fortan auf Umwege. Wer das Gelände rechts des Tores umrundete und über eine kleine Böschung kletterte, konnte sich von oben einen langen Blick auf die Tiere gönnen. Die sind immer nur kurz zu sehen, weil sie eben vorwiegend tauchen. Wahre Schönheiten: schwarzer Hals, orangefarbene Federbüschel an den Ohren, leuchtend rote Augen, stahlblau schimmerndes Gefieder auf Rücken und Flügeln. Sie tauchen sekundenschnell auf, und schwupps, minutenlang wieder unter. Auf der Wasseroberfläche bleiben nur Kreise zurück. Am gegenüberliegenden Ufer ist eines der locker geschichteten Nester zu erkennen, vom brütenden Altvogel ragen nur Kopf und Schnabel heraus. Die Schwarzhalstaucher sind für Ernst Böhm ein lebendes Beispiel dafür, dass sich auch seltene Tiere in Menschennähe wieder ansiedeln können, wenn nur das Biotop stimmt, reich gegliedert ist und „einfach in Ruhe gelassen wird".

Für die Vögel, sagte Böhm damals, sei er zusammen mit den Naturschutzverbänden auch bereit, wieder vor die Gerichte zu ziehen wie einst gegen die Giftmülldeponie. Die Zeiten haben sich geändert, die Klagemöglichkeiten sind gewachsen und haben bessere Aussichten auf Erfolg. Infrage kämen zum Beispiel Klagen auf die Einhaltung der Vogelschutzrichtlinien der Europäischen Gemeinschaft, Artikel 4,1 und 4,2, nach denen der Bestand besonders gefährdeter Vogelarten geschützt werden muss. Der Naturschutzbund Deutschland tat ein Übriges. Er schlug das Gebiet im März 2001 zur Ausweisung als europäisches Vogelschutzgebiet vor. Die staatliche Vogelschutzwarte wies das Regierungspräsidium Darmstadt vorsorglich auf ein Urteil des Europäischen Gerichtshofes vom Dezember 2000 hin, nach dem potenzielle Schutzgebiete schon vorab Bestandsschutz genießen und besonders pfleglich behandelt werden müssen. Wenn aber der Schwarzhalstaucher nicht ausreiche, dann, so legte der Naturschutzbund Deutschland in einem Schreiben nach, sei auch zu beachten, dass sich im Lauf der Jahre an den Talflanken der Tongrube Silbergrasfluren angesiedelt hätten, die ebenfalls schützenswert seien. Dazu kamen Sandmagerrasen, Zwergstrauchheiden, diverse seltene Insekten und Frösche.

EU-Vogelschutzrichtlinien hin, Flora-Fauna-Habitat her, die Wogen um den Taucher gingen im Ort heftiger hoch als zu Zeiten des Kampfes gegen die HIM. Die Naturschützer sammelten ihre Heerscharen einschließlich der örtlichen Jägerschaft, legten Unterschriftenlisten aus und Widersprüche ein. SPD und Grüne im Landtag formulierten Große Anfragen, bis Bürgermeister Gröning es leid war. Er würde die teure Grube, ließ er wissen, am liebsten verschenken. Das musste er dann doch nicht. Noch im selben Jahr war das Refugium der Wasservögel gerettet. Das Land Hessen und der Kreis Offenbach ersetzten der Gemeinde einen Teil ihrer Auslagen. Der Kreis plant, im ehemaligen HIM-Gebäude neben dem noch immer verschlossenen Eisentor ein Naturschutz-Zentrum einzurichten. Die Population der ursprünglich sieben Schwarzhalstaucherpaare hatte sich im Frühjahr 2001 auf über 40 Tiere vermehrt. Möglicherweise waren die Schwarzhalstaucher in Hessen nur die tierische Vorhut. Auch Gegner des Ausbaus des Rhein-Main-Flughafens listeten inzwischen seltene Vögel auf.

Das Steinhuhn – Vogel mit haarigen Füßen

Das Steinhuhn ist ein gebirgstüchtiges Tier, das nur schwer zu beobachten ist. Ornithologen streiten noch heute über seine weltweit verzweigten Verwandtschaftsverhältnisse.

Das Steinhuhn ist ein flüchtiges Wild, fast ein Phantom. Kaum jemand hat von dem Bergvogel einmal gehört – oder ihn gar in freier Natur gesehen. Und wenn, berichten Tierfotografen, Ornithologen und in den Alpen wandernde NaturfreundInnen unisono, dann nur sekundenkurz. Blitzschnell schoss der 33 Zentimeter große, auf Flügel- und Rückendecke schiefergraue Vogel in rasantem Flug bergabwärts an ihnen vorbei, tauchte in niedriges Buschwerk ein und war schon wieder verschwunden. Bestenfalls hörten sie noch sein Rufen nach dem in der Nähe versteckten Partner, Steinhühner leben monogam. Außerhalb der Balz, der Brutzeit und der Aufzucht der Jungen schließen sie sich zu kleinen Gruppen zusammen. Die wenigen Berichte, die sich über das Steinhuhn finden lassen, sind sich in einem einig; das Tier ist perfekt getarnt. Immer wieder ist da von „spurlosem Verschwinden" die Rede, „wie vom Erdboden verschluckt".

Wie schwer die Suche nach dem Steinhuhn sein kann, schilderte der Tierfotograf Otto Färber schon 1963 in seinem Buch *Tiere am Berg*. Ihm fehlte ein Bild des Vogels und er machte sich in den Alpen auf die Suche. Vergeblich. Obwohl er immer wieder Hinweise bekommen hatte, erlebte er eine Enttäuschung nach der anderen. Er reiste in die karstigen Küstenregionen Jugoslawiens und später auf die Adriainsel Krk – ebenfalls vergeblich. Mehrere Führer ließen ihn im Stich. Endlich gelang ihm, als er schon aufgeben wollte, ein einziges Foto: „Drei- bis viermal sahen wir Steinhühner, leider immer erst, wenn sie plötzlich aufschwirrten." Die Tiere hielten einfach nicht still. Nur einen Augenblick lang war ihm das Glück dann doch hold. Er fotografierte ein Steinhuhnpaar, das sich kurz auf einer Mauer am Straßenrand niedergelassen hatte, ehe es, wie es nun einmal seine Art ist, „unauffindbar“ wieder verschwand.

Schon 1606 wird das Steinhuhn in Deutschland als Vogel „mit haarechten füszen wie ein haz“ erwähnt. Damit ist allerdings offensichtlich das Schneehuhn gemeint, das als Raufußhuhn im weißen Winterkleid tatsächlich kleine, gefiederte Pelzstiefelchen zu tragen scheint. Auch der Hinweis, dass Steinhühner „den sommer graw“, also grau gefärbt seien, deutet darauf hin, dass eine Verwechslung vorlag.

Auch im Institut für Vogelkunde in Garmisch-Partenkirchen ist zuerst nichts zu erfahren, außer, dass über das Tier „einfach fast nichts bekannt“ sei. Herbe Kritik übt der Biologe Einhard Bezzel allerdings an einem Experiment in den Tiroler Alpen, dem Einbürgern von asiatischen Chukarhühnern. Es bestehe die Gefahr, dass die dort noch vorhandenen Tiere von der nächstverwandten Art mit „vielseitigerer Natur“ auch noch verdrängt werden. Und das hält er „einfach für Blödsinn“. In den deutschen Alpen gilt das Steinhuhn seit 1968 als ausgestorben. Auch vorher war es nur in den hohen Gebirgslagen in Grenznähe gesehen worden.

Franz Hafner vom österreichischen Nationalpark in St. Veit in Kärnten gilt als *der* Experte. Er beobachtete das Steinhuhn jahrelang im Auftrag des Naturschutzbundes. Der Forschungsauftrag forderte zuerst einmal, herauszufinden, ob es die Tiere überhaupt noch gibt. Hafner konnte sich dabei nur auf „100 Jahre alte Daten stützen“. Er fand die Steinhühner in den Hohen Tauern, beobachtete und fing sie und stattete sie mit Sendern aus. Er tröstet über die Grenze: „Nein, ganz ausgestorben ist es in Deutschland nicht. Seit den 80er-Jahren gibt es wieder Meldungen in den nördlichen Kalkalpen. Wenn auch ganz wenige.“ Hafner: „Sie sind irrsinnig schwierig zu beobachten.“ Vor allem im Herbst und im frühen Winter machten ihm die Tiere zu schaffen. Sie leben, entdeckte er, „sehr weiträumig“, legen pro Tag manchmal bis zu 20 Flugkilometer zurück, und das „nachts und in der ersten Morgendämmerung in unwegsamem Gelände mit Lawinengefahr“. „Das tun sie eben gern“, beschreibt er seinen gefährlichen Auftrag lakonisch. Ohne Sender wäre ihr Standort nicht zu bestimmen gewesen. Außerdem stellte Hafner fest, dass sie „extrem gut angepasst sind“, vor allem an Sturm und tiefe Kälte. Dem seien die ausgesetzten, asiatischen Verwandten, die Chukarhühner, nicht gewachsen gewesen: „Die sind wieder verschwunden.“

In der Schweiz steht das Steinhuhn auf der „Roten Liste der bedrohten Vogelarten“, ist aber, so der Biologe Niklas Zbinden von der Vogelwarte Sempach bei Luzern, eigentlich „gar nicht mehr so selten“. Im Tessin nehme die Population „eher zu“. Nur lebe das Tier eben gut getarnt und sei in den Regionen bis zu 2700 Metern Höhe oberhalb der Baumgrenze nur schwer zu finden. Zbinden: „Dazu braucht man eine gute physische Kondition.“ Die Vögel leben nicht nur in großer Höhe, sondern suchen sich dort, weiß der Forscher, „auch noch die unwegsamsten Geröllflächen aus“. Und das in „stark strukturierten“, also unübersichtlichen Gebieten zwischen Alpenrosen und Felsbrocken. Sie seien, meint er, im Gegensatz zu seinen Kollegen, „nicht einmal extrem scheu“. Die Vorkommen in der Schweiz haben sich in den letzten Jahren wieder erholt. Einen „katastrophalen Tiefpunkt“ habe es 1980/81 wegen mehrerer aufeinander folgender kühler und feuchter Sommer gegeben, die der Aufzucht der Jungen schadeten. Seit 1983 gehe es, so Zbinden, wieder aufwärts von „mittelmäßig bis gut“.

Alectoris graeca ist auf der Oberseite schiefergrau, unterseits rotbraun gefärbt, mit weißer Kehle und geschlossenem, durchgehend schwarzem Federband um Augen, Wangen und Brustfleck. Dazu gehören die charakteristischen und auffällig längsgebänderten Flügel sowie die – nur im Flug sichtbaren – rötlichen Schwanzfedern. Füße und Schnabel sind rot. Ende Mai oder im Juni baut die Henne ein mit Baumnadeln und Reisern gepolstertes Nest. Sie versteckt es in einer Erdmulde unter Baumwurzeln, unter einem Felsüberhang oder im Gebüsch und legt bis zu 15 gelbliche, rot gesprenkelte Eier. Im Winter wandern die Steinhühner als Standvögel auf der Suche nach Knospen, Beeren, Blattspitzen und Samen in niedrigere Bergregionen herunter. Dann sind sie manchmal auf geschützten, schneefreien Plätzen hinter Sennhütten und Ställen in Bergdörfern gesehen worden.

Wenn es denn ein echtes, in den südlichen Alpen, auf dem Balkan und in Italien bis nach Sizilien heimisches Steinhuhn aus der Familie der Fasanenartigen ist: *Alectoris graeca* ist nämlich leicht mit seinen drei Vettern zu verwechseln. Erst seit 1962 sehen es einige Ornithologen als eine eigene Art an.

Bis nach China hinein lebt das Chukarhuhn *(Alectoris chukar)*, auch Klippenhuhn genannt und dem Steinhuhn irritierend ähnlich. Es lebt in Griechenland, der Türkei und ist in Asien bis nach China verbreitet. Im Himalaja ist es in 5000 Metern Höhe gesichtet worden. Im Iran, Afghanistan und Pakistan wird es auch als frei laufendes Haushuhn gehalten. Den Hähnen sagt man eine kräftige Portion Kampfbereitschaft nach. So soll der ungefähr 33 Zentimeter große Winzling durchaus auch Besucher, Haushunde und Katzen als Eindringlinge in sein Revier angreifen und sich mit Konkurrenten der eigenen Art heftige Hahnenkämpfe liefern.

Das Chukarhuhn unterscheidet sich allerdings von seinen Verwandten im südlichen Europa deutlich, wenn es den Schnabel aufmacht. Während das Steinhuhn in eher hohen Tönen und verschiedenen Ruffolgen manchmal „fast singvogelartig Tschersiritttschi“ pfeift, gackert jenes, seinem Namen gerecht werdend, fast wie ein Haushuhn: „Tschuk-tschukor“. Ziergeflügelzüchter halten es auch in Deutschland in Volieren und berichten, dass es „nur empfohlen werden kann“. Es brauche zwar viel Auslauf, „mindestens vier Quadratmeter“, sei aber leicht zu halten. Auch sie beobachteten die Streitlust des Hahnes gegenüber männlichen Artgenossen und raten zur Einzelpaar-Haltung. Auch dem alpinen Steinhuhn wird, wie seinen asiatischen Verwandten, eine kämpferische Natur nachgesagt. Während die Henne mit den Jungen flüchtet, greift der Hahn seine Feinde, vor allem Füchse, Marder und Wiesel, mit kräftigen Schnabelhieben an.

Bleiben noch die beiden anderen Verwandten, die sich die europäische und afrikanische Welt untereinander aufteilen. Im westlichen Süden Europas, auf Sardinien, in Gibraltar und im Norden

Afrikas lebt das Felsenhuhn, das von mehr rotbrauner Färbung ist, während das Rothuhn sein Verbreitungsgebiet im restlichen europäischen Südwesten und in Großbritannien hat. Ob die vier so ähnlichen Arten durch die Eiszeit getrennt wurden und sich in ihren Varietäten entwickelten oder aber durch nacheiszeitliche Zuwanderung aus wärmeren Gebieten eigene Formen annahmen, ist umstritten. Franz Hafner nimmt an, dass sie mit den Menschen aus dem Himalaja und den Steppen Asiens in einer einzigen Urform bis nach Europa einwanderten und sich dann erst auseinander entwickelten. Dass es verschiedene Arten sind, weiß er, „hat inzwischen auch eine italienische Gen-Untersuchung bestätigt". Der griechische Philosoph und Naturforscher Aristoteles, der auch eine *Tierkunde* verfasste, kannte den Unterschied von Chukar- und Steinhuhn schon in der Antike: „Das sieht man am Verhalten und am Gefieder. Und man hört es vor allem, wenn sie rufen."

Aber auch heutige Wissenschaftler lieben die kleinen Differenzen, weshalb sie sich noch vor einigen Jahren erbitterte Kontroversen darüber lieferten, ob nicht in einer schmalen Zone, etwa in Bulgarien, Stein- und Chukarhuhn ohne Rücksicht auf die zoologische Einordnung in Eintracht bastardisieren. Erwiesenermaßen tun sie es, nicht nur in der Gefangenschaft, sondern auch in Freiheit. Auch das hat Aristoteles schon gewusst. Und als Mischlinge verwirren sie Laien und Kenner bei der Bestimmung ihrer Arten vor allem in jenen schmalen Zonen, in denen ihre Territorien aneinander grenzen. Selbst in Zoologischen Gärten und Vogelparks, merkte die Fachzeitschrift *Geflügel-Börse* 1985 kritisch an, geht die Benennung der Tiere gelegentlich durcheinander: „Manchmal werden Chukarhühner als Alpensteinhühner deklariert." Rothühner wiederum fanden sich in den Volieren unter der Bezeichnung „Chukarhuhn" wieder.

Auch das Eierlegen machte das unscheinbare Federvieh zum Streitobjekt. Legt die Henne nun ihre Eier nur in ein einziges Nest, das sie alleine bebrütet? Oder gibt es da noch ein zweites Gelege, auf dem der Hahn seine ungefähr 25 Tage bis zum Schlüpfen der Küken parallel absitzt? Die Beantwortung dieser Frage wird dadurch erschwert, dass sich das Paar im Federkleid gleicht wie ein Ei dem anderen. In Gefangenschaft werden die Hähne als kaum merklich größer beschrieben. Auch dieses Rätsel scheint für Niklas Zbinden gelöst. Er hat bei den Tieren in Gefangenschaft „gelegentlich zwei Gelege" registriert. Sein Kollege Hafner bestreitet das für frei lebende Tiere: „Das hatte mich sehr interessiert." Er fand in vier Jahren nicht ein einziges Doppelgelege. Zbinden bestätigt, dass die Tiere bastardisieren. In Gefangenschaft klappe das nach seiner Erfahrung „nur allzu gut". In der Natur, so Hafner dagegen, ist diese Frage meist hypothetisch. Die Tiere haben wegen der unterschiedlichen Lebensräume, außer in Bulgarien, keine Berührungspunkte.

Das Verschwinden des Steinhuhns in den Randgebieten Deutschlands liegt jedenfalls nicht, wie bei den Raufußhühnern, ebenfalls aus der Familie der Phasianidae, zu denen zum Beispiel Auerhuhn, Birk- und Schneehuhn gehören, am Reiz der Jagdtrophäe oder am Appetit der Gourmets. Dabei soll es noch wohlschmeckender sein als das Rebhuhn, bedrohter „Vogel des Jahres" 1991. Kenner loben zwar den „feinen balsamischen" Geschmack des Steinhuhnfleisches, das „eine größere Delikatesse" sei. Aber es ist eben – zu seinem Glück – besonders schwer zu jagen.

Promisker Sturkopp

Gemeinhin kennt man ihn nur platt gefahren – den Igel. Doch über das Modernisierungsopfer gibt es auch Erfreuliches zu berichten. Etwa über seinen Imagewandel: Früher galt der Igel als Bösewicht, heute trotz seiner Stacheln als Knuddeltier.

Stacheln überall, keine weiche Stelle zum Anfassen, kein Henkel dran, aber Hilfe vonnöten. Sie schreit und kreischt: „Schnell, schnell, eine Schaufel!" Zu spät, schon ist wieder einer mit 120 Sachen in der Kurve platt gefahren worden. Pech gehabt, der Igel, ebenso wie Abertausende seiner Artgenossen, die jährlich in der Bundesrepublik zu Verkehrsopfern werden. Den nächsten Todeskandidaten befördert die Igelfreundin schlicht mit kräftigen Tritten an den Straßenrand.

Menschen lieben Igel. Und führen damit die Verhaltensforscher ad absurdum. Deren Kriterien für überbordende Ach-wie-süß-Begeisterung messen sich in der Regel an der flauschigen Streichelbarkeit der Mitgeschöpfe. Oder an der Menschenähnlichkeit des Getiers, als da sind: aufrecht auf den Hinterbacken sitzen zu können, die Vorderpfoten fingerähnlich zu benutzen und sich possierlich zu putzen. Und das Alter ego Papagei kann wenigstens sprechen und gilt als klug und monogam.

Nichts davon trifft auf die Igel zu. Die Wappentiere zahlreicher Tier- und Umweltfreunde sind ziemlich archaische, primitive, Insekten fressende Säugetiere (Erinaceidae) der Kreidezeit, von denen einige Arten ihre Haare zu Stacheln modifizierten und deshalb als Echte Igel (Erinaceinae) gelten. Sie sind nur sehr begrenzt lernfähig, promisk und, genau betrachtet, rabiat, stur und ungeschickt. Der Igel ist weder kuschelig noch kann er sich auf die Hinterpfoten setzen, die vorderen Gliedmaßen sind nur zum Graben und Laufen geeignet.

Zudem hat er einige ausgesprochen unappetitliche Eigenschaften. Sein lockeres Stachelkleid sitzt außen voller Flöhe, Zecken und sonstiger Parasiten, inwendig hat er Würmer. Seine schwarze Schnüffelnase trieft auf der Suche nach Käfern, Larven und Schnecken ständig vor sich hin. Der Igel schmatzt beim Fressen, und er praktiziert Selbstbespeichelung: Er kaut intensiv duftende Fundstücke, zum Beispiel Leder, kräftig durch und besabbert sich anschließend gründlich von oben bis unten. Dumme Angewohnheit, denn auch das kostete Igel früher oft das Leben, weil die Speichelei als Tollwut missdeutet wurde.

Igel gelten erst in jüngster Zeit, spätestens seit der Erfindung der Comic- und Plüschtier-Figur Mecki, als niedlich. Grund dafür seien vor allem, sagen Befragte, die Knopfaugen, die schwarze

Stupsnase und das Bärchengesicht. Eben dieses Gesicht machte es, dass Westeuropa lange Zeit als die Heimat von zwei Igelarten galt: Schweinsigel, norddeutsch: Swinegel, und Hundsigel. Tatsächlich gibt es nur Farb- und Größenvarianten. Der Braunbrust- oder Westigel *(Erinaceus europaeus)* verändert aber sein Aussehen je nach Laune und Körperhaltung: Mit angriffslustig aufgerichteten Stirnstacheln wirkt seine Schnauze kurz und stumpf wie bei einem Schweinchen, bei friedlicher Futtersuche sieht sie spitzer und länger aus. Der westeuropäische Igel ist von seinem östlichen Artgenossen leicht zu unterscheiden, weil er einen dunklen Fleck auf seiner braunen Brust trägt.

Die osteuropäischen Vettern haben einen weißen Latz. Ob die unterschiedliche Färbung ausreicht, um von zwei Arten zu sprechen, darüber streiten die Gelehrten noch. An der Ostküste Spaniens und in Südfrankreich lebt außerdem der Algerische Igel, ein Einwanderer aus Afrika, der kleiner und heller gefärbt ist als die beiden Europäer, mit längeren Beinen und größeren Ohren.

England, einst Feindesland für die als Schädlinge verfolgten Igel, ist in den letzten 20 Jahren zur Hochburg der Igelfans geworden. Hier entstanden die ersten Schutzprogramme für „Hedgehog", das Heckenschwein, und die ersten Igelkliniken und Aufnahmestationen für die Septemberwaisen, unterernährte Jungigel mit zu wenig Speck auf den Rippen für den langen Winterschlaf. Da, wo jedes Home ein Castle ist, ist die kleine wandelnde Festung mittlerweile sinnbildlicher Sympathieträger der individualistischen Inselmentalität geworden, uneinnehmbar für die meisten Fressfeinde.

Der Igel klemmt seinen Kopf bei Gefahr einfach an das Schwanzende, ein dicker Muskelring unter der Rückenhaut zieht sich zusammen wie ein Wäschesack, und die stachelige Kugel ist weder für Fuchs noch für Dachs zu knacken. Diese erfolgreiche Defensivstrategie der Passivität des „Einigelns", mit der er sich entwicklungsgeschichtlich um Feinde kaum scheren musste, ist heutzutage auf der Autobahn sein Verhängnis. Tödlich sind für ihn außerdem Rasenmäher, Mähdrescher und Kleingärtner, die Reisighaufen verbrennen, Schneckenvertilgungsmittel ausstreuen und damit auch ihrem genuinen Verbündeten den Garaus machen. Auch sonst stolpert der Igel vorwiegend in menschengemachte Todesfallen. Igel lassen sich bei Gefahr, zusammengerollt als gut abgefederte Kugel, in Gartenteiche, Baugruben und Kellerschächte plumpsen, aus denen sie dann nicht mehr herauskommen können.

Der britische Igelpapst Les Stocker staunte noch 1987 über das Unwissen seiner Landsleute über den Igel, der doch schon in der Steinzeit gegessen wurde, später auch als Fastenspeise, Heilmittel und als wetterkundiges Tier galt. Römische Weber bürsteten ihre Wolle mit Igelfellen glatt, und englische Reiter benutzten sein hartes, getrocknetes Stachelkleid, um Pferde über Hindernisse zu treiben.

Igel, deren ursprünglicher englischer Name „Urchone", einem bösen Kobold, entlehnt war, wurden bis in die 80er-Jahre hinein gnadenlos verfolgt. Sie galten seit dem Mittelalter als schädliche Hexentiere, gleichgestellt mit Molchen, Kröten und Schlangen. Für ihre Tötung waren hohe Prämien ausgesetzt. Geistliche nagelten die Tiere an die Kirchentüren. Der Engländer Lewis Carroll sprang 1865 mit den Igeln auch nicht gerade liebevoll um. Im Kinderklassiker *Alice im Wunderland* sind die Stachelkugeln die höchst unzulänglichen Krocketbälle im Spiel der bösen Kartenkönigin.

Der Igel, weltweit mit elf Arten verbreitet, galt in Europa bis in die letzten Jahrzehnte als arger Bösewicht, der Hühnereier stiehlt und Milch aus Kuheutern saugt, Kaninchen und Hasen auffrisst und Obstgärten plündert, indem er die Früchte auf seinen Stacheln abtransportiert und im Winterlager hortet. Igel, behauptete schon der römische Naturforscher Plinius, wälzen sich in Äpfeln oder Trauben, bis diese auf dem Rücken feststecken. Diese Beschreibung schleppte sich jahrhundertelang fort, ist aber nie beobachtet worden und wäre auch unsinnig, denn Igel sind keine Vegetarier. Pflanzen geraten höchstens versehentlich in ihren Magen. Sie legen auch keine Wintervorräte an, sondern fressen sich eine dicke Speckschicht an, ehe sie in einen echten Winterschlaf fallen, bei dem die Körpertemperatur bis auf 1,3 Grad Celsius sinken kann. Igel reagieren dabei wie kleine Heizkraftwerke. Wird der Körper im ausgepolsterten Winternest zu kalt, heizt ihn eine durch das Fett gespeiste Sparflamme vorsichtig wieder auf fünf bis sechs Grad auf. Deshalb ist es für winterstarre Igel tödlich, wenn wohlmeinende Menschen sie im Winterschlaf stören und ihre steifen Körper aufwärmen wollen.

Auch zum Eierdieb taugt der Igel nicht so recht. Sein Mäulchen ist viel zu klein zum Eierknacken. Gefährlich kann er höchstens Gelegen und Jungvögeln kleinerer Bodenbrüter werden. Er frisst lieber Aas. Igelfreunde wollen ihm Nützlichkeit nachsagen. Aber auch als legendärer Mäusejäger ist er eher eine viel zu plumpe, weil zu langsame Fehlbesetzung. Als nützlich erweist er sich nur bei der Käfer- und Schneckenjagd. Auf Londoner Märkten wurde er deshalb früher an kakerlakengeplagte Hausbesitzer verkauft, die ihn als Kellerigel hielten.

Igel sind erstaunlich resistent, giftige Käfer, Bienen und Wespen schaden ihnen nicht. Allegorische Darstellungen, in denen der tapfere Ritter im Stachelkleid die böse Schlange geschickt wie ein Mungo besiegt, gehören allerdings ins Reich der Fabel. Igel, die auch größere Tiere angreifen, verlassen sich auf ihre Stacheln und rumpeln so plump voran wie Dampfwalzen. Das Gift der Kreuzotter macht auch Igel krank. Allerdings vertragen sie davon gehörig mehr als andere Säugetiere.

Englische Siedler brachten den Igel, dessen fünf Gattungen auf allen Kontinenten außer dem amerikanischen und dem australischen vorkommen, auch nach Neuseeland. Igel sind standorttreue Einzelgänger, die nachts ein relativ festes Areal nach Nahrung absuchen, aber kein eigenes Revier verteidigen. Begegnen sich zwei Artgenossen, schubsen sie sich mit ihren über der Stirn aufgestellten Stacheln wie Boxer, rempeln sich eine Weile lang an und gehen dann wieder ihrer Wege. Die Begattung ist kurz und, ehe die Igelin ihn lässt, mit viel Lärm, Gerenne und Geschnaufe verbunden. Wie sie bei den Stacheltieren vor sich geht, darüber spekulierten die Menschen lange. Bis in das 20. Jahrhundert vermuteten Naturforscher, sie sei wohl nur Bauch an Bauch zu bewerkstelligen. Erst 1948 dokumentierte ein Forscher die Igelhochzeit. Die Igelin legt die Stacheln an, breitet die Hinterbeine aus, und dann paaren sich Igel und Igelin, wie fast alle anderen Säugetiere auch, von hinten.

Das Ergebnis sind winzige blinde, hellrosa Junge, deren weiße Stacheln bei der Geburt praktischerweise noch in die Haut eingebettet sind. Erst später färbt das Haarkleid sich dunkel, und die Stacheln richten sich auf. Jungigel werden schon nach fünf bis acht Wochen von der Mutter vertrieben, müssen deshalb schnell selbstständig werden und fressenfressenfressen, um das für den Winterschlaf notwendige Überlebensgewicht zu erreichen. Bis in den September hinein spätgeborene Junge mit einem Gewicht unter 700 bis 800 Gramm haben eigentlich keine Chance. Sie sind „Septemberwaisen" und werden gerne von Menschen eingesammelt und aufgefüttert.

Über den Sinn solchen Tuns streiten Igelanhänger und Wissenschaftler seit Jahren. Die einen richten Igelstationen für unterernährte, kranke und bei Unfällen verletzte Tiere ein und pflegen sie, was die Speisekammer hergibt. Das Naturschutzgesetz, das das Fangen von Igeln ganzjährig verbietet, macht in solchen Fällen eine Ausnahme. Die anderen meinen, dass aufgepäppelte, wieder in Freiheit gesetzte Tiere nur schlechte Überlebenschancen hätten, Igel schließlich nicht vom Aussterben bedroht seien und mensch das Wildtier samt seinen 7500 bis 8000 Stacheln gefälligst in Ruhe lassen solle.

Quakender Rosengeist

Laubfrösche tarnen sich durch Starre und werden doch gefressen. In Katalonien suchen sie mit Lärm und Kindchenschema, dem frühen Tod zu entkommen.

Eine Rose ist eine Rose. Und ein Frosch ist ein Frosch, ein Laubfrosch zumal. Der ist geradezu die Idealbesetzung eines Frosches. Er sieht so aus, wie der Mensch sich einen Frosch denkt: klein, grasgrün, mit kugeligen Haftscheiben an den feinen Fingerchen und Zehen. Er trägt entweder ein Krönchen auf dem Kopf oder strampelt im Storchenschnabel: Zappelsalat.

Wenn so ein winziger, niedlicher Kerl in einer aufgeblühten roten Rose sitzt, dann ist das Kitsch. Wenn aber drei von ihnen, die Nasen voraus, aus so einer Blüte gucken, dann ist das die gute Natur. Zumindest im Osten Spaniens, da, wo die Pyrenäenausläufer das Mittelmeer erreichen. Die Fröschlein nehmen morgens ihren Sitz auf den Rosenbüschen. Abends sonnen sie sich da, wo sich auch die Menschen sonnen, auf den warmen Steinen der Terrasse. Nur bei Kälte und Wind bleiben sie tagsüber verschwunden. Ein fünf Zentimeter messender, erwachsener Laubfrosch – liebevoll Freddy genannt – hatte schon 1999 sein Dauerquartier im Garten des Ferienbungalows genommen. Nach zwei Jahren explodierte die Population. Fünf Jungtiere von je knapp zwei Zentimetern Länge hockten im Frühjahr 2001 im Umkreis von Freddys (Friederikes) Revier.

In Deutschland sind Laubfrösche vom Aussterben bedroht, stehen in allen Bundesländern auf der Roten Liste und sind seit 1989 ganzjährig streng geschützt. Wir hatten seit unserer Kindheit vor 40 Jahren kein einziges Exemplar mehr gesehen und staunten fortan jeden Morgen die Fröschlein an. Der Gärtner der Ferienanlage wurde als Experte für das Wunder der katalanischen Flora und Fauna hinzugezogen, wiegte bedächtig den Kopf, betrachtete die Tiere eingehend und sagte: „La humidad!“ – die Feuchtigkeit. Si Señor! Die lässt sie gedeihen und die ist auf die kompetente Berufsausübung des Jardinero zurückzuführen. Die und die computergesteuerte Bewässerungsanlage lassen ja auch die Rosen so kohlkopfgroß erblühen, dass darin drei Frösche gut Platz finden. Aber selten? Ach was, sagt der Gärtner, die gibt es hier häufig genug.

Zoologen messen dem Laubfrosch einen hohen „Schauwert“ zu, weil er mit seinem putzigen Gesicht und den großen, goldenen Augen so sehr dem Kindchenschema der Menschen entspricht. Laubfrosch, aber lernen wir, ist beileibe nicht gleich Laubfrosch. Der deutsche unterscheidet sich, wenn auch erst auf den zweiten

Blick, signifikant von dem der Pyrenäen, der südfranzösischen und spanischen und der nordafrikanischen Mittelmeerküsten. Während hierzulande der Europäische Laubfrosch *(Hyla arborea)* mit kurzer Frequenz der enervierendste Vertreter seiner Art ist und von April bis Juni von der Dämmerung bis zur Mitternacht im großen Chor sein schnelles „Räp-räp-räp" quakt, tönt dort der Mittelmeerlaubfrosch *(Hyla meridionalis)* wesentlich weniger störend, weil tiefer, getragener: „Kwaah, kwaah".

Die auf Weibchensuche Lärm verursachenden Männchen tragen dort statt einer Quer- eine Längsfalte am resonanzstarken, fast zur Körpergröße aufblasbaren Kehlsack. Beide Arten könnten sich also trotz großer Ähnlichkeit wegen Sprachschwierigkeiten nicht miteinander verständigen. Ein deshalb unsinniger Einbürgerungsversuch der mediterranen Vettern im Bonner Raum scheiterte.

Sonst aber heißt es genau hinzusehen, um die Unterschiede zu entdecken. Beide Arten weisen einen seitlichen Streifen auf, der am Auge beginnt und beim südlichen Fröschlein schon kurz dahinter wieder endet, während er sich bei der mitteleuropäischen Art weiter über die Flanken bis zum Hinterschenkel erstreckt und in einer Hüftschlinge ausläuft. Laubfroschs Repertoire, sich gegen Fressfeinde zu schützen, ist hier wie dort relativ schlicht. Gerade der Storch gehört nicht zu diesen Feinden. Der hält sich eher an Wasserfrösche als an diesen Froschlurch, der als einzige einheimische Art ausschließlich auf dem Land lebt.

Noch bis ins 20. Jahrhundert war der Laubfrosch auch in Deutschland eine häufige Art, oft kaum der Erwähnung wert. 1917 jedoch stellten Naturfreunde fest, dass das Tier, das noch kurz zuvor reichlich durch die Parks von Sanssouci gehüpft war, plötzlich rund um Potsdam verschwunden war. Terrarienbesitzer hielten vergebens Ausschau nach der beliebten Beute. Kinder hatten ihn bis dahin in Einweckgläsern gefangen und auf die Fensterbank gestellt. Der Volksglaube meinte, das Tier könne das Wetter vorhersagen, weil es bei Hitze in seinem kahlen Behältnis nach oben kletterte. In Wirklichkeit mag es ihm unten in dem Glas bei Sonnenschein so heiß geworden sein, dass er das meist hineingegebene Holzleiterchen auf der verzweifelten Suche nach Sauerstoff erklomm. Ein gewisses Gespür für das Wetter haben ihm neuere Forschungen jedoch zugestanden. Er ist, wie andere Tiere auch, in der Lage zu erkennen, wann es warm genug ist, die Winterruhe zu beenden.

Zoologen führen des deutschen Laubfroschs Rückgang auf die hohe Fangquote durch die Menschen zurück, vor allem aber darauf, dass seine Lebensräume sich drastisch verringerten. Der Quaker bevorzugt stille, flache Laichgewässer mit geringem Zufluss und hoher Wassertemperatur, frei und sonnenbeschienen an den Uferregionen. Die einst häufigen Steinbrüche, Lehm- und Kiesgruben aber wurden entwässert, der Grundwasserspiegel der Tümpel in den Kulturlandschaften sank. Die Auswirkung des Chemikalieneinsatzes ist bisher, trotz groß angelegter Schutz- und Wiederansiedlungsprojekte, noch nicht abschließend erforscht. Die Bedürfnisse des Laubfrosches aber sind bekannt. Er braucht drei Reviere, zwischen denen er im Umkreis von wenigen Kilometern wandern können sollte: eines zum Laichen, ein Sommer- und ein Winterrevier. Im Sommer an Land bevorzugt er Stauden, Büsche und vor allem Blütenpflanzen als Ansitz für den Insektenfang. Und im Winter möchte das kälteempfindliche Tier in Laubhaufen, unter Baumwurzeln, in Ritzen, unter Steinen, aber auch in Nagerbauten überdauern können. Die hohe Mortalitätsrate in bestehenden Laubfroschpopulationen führen Forscher mittlerweile auch auf den häufigen Wintertod zurück, der bei intakter Umwelt aber ausgeglichen werden könnte. Im Terrarium werden Laubfrösche bis zu zwölf Jahre alt.

Laubfrösche sind eine weltweite Familie mit 3500 Arten, die weit Wundersameres zu bieten hat als die wenigen, einander sehr ähnlichen europäischen Vertreter. Sie sind Eroberer, haben sich den Lebensräumen, bis zu dreitausend Meter hohen Bergen und den heißen Savannen Afrikas, angepasst. Der rätselhafte Beutellaubfrosch lebt in Lateinamerika. Er hat sich das risikoreiche Laichen abgewöhnt. Das Weibchen trägt seine Eier stattdessen in einer Hautfalte auf dem Rücken. Darin entwickeln sich die Larven, die Kaulquappen, zu kleinen Fröschen. Der US-amerikanische Naturforscher William Beebe beschrieb solch eine seltsame Froschgeburt. Das erste Fröschlein sei, geschoben von seinen nachdrängenden Geschwistern, herausgekrabbelt: „Zappelnd machte er sich frei, glitt über den Oberschenkel der Mutter hinab und landete mit einem Purzelbaum am Boden." Der Nächste folgte prompt: „Sie überkugelten sich ein paar Mal, blieben schließlich Nase an Nase sitzen und starrten einander an." Das Gedränge ergab „bisweilen eine regelrechte Keilerei zwischen vier Fröschchen, von denen jedes zuerst geboren werden wollte".

Andere Froscharten treiben Brutvorsorge, indem sie den Laich durch Schaumkugeln schützen oder in Blatttüten oberhalb des Laichgewässers verstecken. Die schönsten der Laubfrösche sind so bunt wie der Rotaugenfrosch, grün, blau, gelb, orangerot. Der größte Vertreter ist der australische Korallenfinger, ein Riese von zwölf Zentimetern Körperlänge.

Die Rose stehe, heißt es in dem Bilderbuch *Die Rose und der Laubfrosch* von Warja Lavater, „für die Liebe und bittet: Bleib!", der Frosch aber sei für die Abwechslung zuständig, „und spricht: Hüpf!" Auf Freddy im spanischen Garten trifft das jedenfalls nicht zu. Der verhält sich artgerecht und rührt sich die meiste Zeit nicht vom Fleck. Bei Annäherung macht er sich platt, verharrt so still, dass er schwer zu entdecken ist und für menschliche Augen ausschaut wie ein Plastikspielzeug. Den Schleiereulen, Möwen, Krähen, Elstern, die ihn verspeisen wollen, suggeriert er damit: „Ich bin unsichtbar und außerdem gar kein Tier, sondern nur ein kleines Blatt."

Der weite Sprung zur Flucht ist die Ultima Ratio in größter Not. Die nutzt dem Mittelmeerlaubfrosch in Südfrankreich, berichtet eine Beobachterin, rein gar nichts. Dort lauern die klugen Katzen – sprichwörtliche Frog-eater – sommers am Teichrand auf die gerade durch Metamorphose von kiemenatmenden Kaulquappen zu Jungfröschlein gewandelten *Rainettes vertes*. Auch spanische Katzen, sagt der Nachbar, fressen Frösche gerne. Die Frösche setzen trotzdem stur auf Tarnung durch Verharren und lassen sich deshalb fast hautnah beobachten. Und es ist ja auch zu possierlich, zuzusehen, wie so ein Fröschlein dann selber frisst, mit nur einem Satz aus der Rose heraussegelt, mit der vorschnellenden, klebrigen Zunge eine Fliege schnappt, sie mit den Händchen geschickt in das Maul schiebt, sich das Gesicht putzt und hinterher mit blitzblanken Goldaugen zufrieden blinzelnd an die Ausgangsposition zurückkehrt, sich streckt, dann mucksmäuschenstill, die Vorderbeine unter dem Bauch gefaltet, verdaut und auf die nächste Beute lauert: ein Rosengeist.

Die Chinesen, heißt es, nennen den Laubfrosch den Bambusgeist, wenn er im Bambus sitzt, und Maulbeergeist, wenn er – fast unsichtbar und dennoch da – auf Maulbeerbäumen verweilt.

Wahre Anpassungskünstlerinnen

Sie haben viele Feinde und leben in einem Frauenstaat: Hummeln. Auf einem Versuchsgelände observieren WissenschaftlerInnen die Insekten – und werden selbst „ein bisschen zu Hummeln“.

Sie summt und brummt, erst dunkel, dann zornig laut mit schrillem Oberton. Die Hummelkönigin ist an einem frühen, kühlen Frühlingsmorgen auf der Suche nach einer Behausung gewesen, hat verfilzte Grasbüschel, Laub- und Reisighaufen, Spalten in Baumwurzeln, ein Mäusenest geprüft. Und jetzt ist sie in einem schattigen Hinterhof am Rande der Frankfurter Innenstadt gefangen. Die Plastikplane, die den Bollerwagen des Kinderladens im Winter überdeckt, bis wärmere Zeiten kommen, ist zur Falle geworden. Der Krafteinsatz der großen Hummel und ihr rasantes Flugtempo steigern sich, während sie von innen unermüdlich gegen die Wände ihres Gefängnisses dotzt. Endlich geschafft. Befreit schießt sie in die Freiheit wie eine runde, pelzig schwarz-orange Kanonenkugel. Die Steinhummel *(Bombus lapidarius)* ist dann den Sommer über im Hinterhof geblieben, denn unter Kirschbaum und Kastanie blühen Blaustern, rote und gelbe Taubnesseln, Zierjohannisbeere, Kriechender Günsel, Schwertlilien und Salomonssiegel.

In einem alten Mauseloch hat sie ihr Nest gebaut, einen Honigtopf gefüllt, Eier in die Gemeinschaftsbrutzelle gelegt und die erste Generation Larven und Puppen innerhalb von drei Wochen zu ernährungsbedingt sehr kleinen Arbeiterinnen herangezogen. Mit üppiger Blüte und mithilfe der ersten Arbeiterinnen gediehen die nächsten Generationen größer und kräftiger, die Arbeitsteilung begann, die Königin verbrachte mehr Zeit im Bau, legte mehr Eier. Wächterinnen, Pollen- und Nektarsammlerinnen, Hausarbeiterinnen und Brutpflegerinnen wechselten sich nach Bedarf beim Dienst ab. Das Volk kann es sich dann auf der Höhe des Sommers oder zum Herbstbeginn leisten, auch Drohnen und neue Königinnen heranzuziehen. Die jungen Weibchen helfen bei der Versorgung des Nestes mit, ehe sie es zum Hochzeitsflug verlassen. Die alte Königin und die Arbeiterinnen sterben im Herbst. Nur die Jungköniginnen überleben den Winter, eingegraben in der Erde. Im nächsten Jahr ist eine Tochter der vorjährigen Königin wieder in den Hinterhof gekommen und hat das Erdloch neu bezogen.

Ortsausgang Naumburg, am südlichen Rand des Habichtswaldes bei Kassel. Ein Schild weist auf die „Hummelwerkstatt" hin. Das Versuchsgelände der Gesamthochschule Kassel grünt und blüht. Der Aufbau des Versuchsgeländes fand in Naumburg große Unterstützung und reiht sich in das städtische Konzept „Raum für Natur" ein, zu dem Lehrpfade, Streuobstwiesen, Fledermauskästen, Kräuter- und Blumengärten gehören. Die Leiterin der Hummelwerkstatt, Claudia Thöne, zeigt BesucherInnen die 60 Beete mit „Hummelpflanzen", führt Schulklassen, berät Gartenbesitzer. Außerdem kommen StudentInnen zur Forschung. Günther Witte, Biologieprofessor und Projektleiter, versteht sich, auch ein wenig herausfordernd gegenüber den Kollegen am Schreibtisch, als „richtiger Feld-, Wald- und Wiesenbiologe". Gehüllt in ein grünes Cape, zeigt er die kräftige Schönheit der Hummeln unter dem Mikroskop, führt Nisthilfen vor, sieht nach dem

Nistkasten einer Steinhummel in der Gartenecke. Der Chef „schwirrt" immer irgendwo herum. „Wir werden hier alle ein bisschen zu Hummeln", sagt Claudia Thöne. Währenddessen erklärt Witte den BesucherInnen, was ihm wichtig ist: „Die Gärten der Menschen sollen hinterher, wenn sie dies hier gesehen und darüber nachgedacht haben, ein bisschen anders aussehen als vorher." Und: „Es ist wichtig, dass Kinder lernen können, vernetzt zu denken."

Der Weg vom schaudernden „Igitt" zu „Hummeln sind aber süß" führt in der Hummelwerkstatt über Betrachten, Fühlen, Riechen und Schmecken. Nein, Hummeln stinken nicht, sondern ihre Nester duften nach Wachs und Honig. Mit etwas Geschick und Vorsicht können die Insekten angefasst werden, fühlen sich weich und pelzig an. Hummelhonig schmeckt gut, merkt auch der Zoologe Bernd Heinrich in seinem Buch *Der Hummelstaat* begeistert an, „köstlich… Besser als jeder Honig von Honigbienen".

Der Hummelstaat ist, so Claudia Thöne, „ein reiner Frauenstaat". Sie erinnert sich an die indignierte Frage eines Pädagogen, ob das denn „nicht furchtbar langweilig" sei. Vielleicht hat es den Mann getröstet, dass die großäugigen Drohnen, die nur zum Zwecke der Fortpflanzung herangezogenen Männchen, mancher Hummelart von mehreren Weibchen zur Begattung auserkoren werden. Die Männchen der Gebirgshummel *Bombus mendax* dagegen beduften ihr kleines Territorium und warten einfach ab. Sie stürzen sich dann auf alles, was ihr Revier durchfliegt und ein Hummelweibchen sein könnte, auch auf Blätter und Steine. Ein Lehrsatz des Hummelzentrums lautet: „Hummeln sind Bienen." Sie kommen allerdings vor allem auf der nördlichen Erdhälfte vor, denn sie sind exzellente Energiesparer und haben ein körpereigenes Wärmeaustauschsystem entwickelt, das es ihnen erlaubt, sich mit den Flugmuskeln im Brustkorb durch Muskelzittern aufzuheizen. Um Überhitzung zu vermeiden, können sie die Körperwärme über eine Leitung durch den kühl bleibenden Unterleib wieder abgeben. Die Königin wärmt ihre erste Brut wie ein Vogel. *Bombus lapidarus* isoliert das Nest außerdem, wie andere unterirdisch nistende Hummeln, mit wächsernen Hauben, die durch Öffnungen belüftet werden.

Keine Bohnen, keine Erbsen, Tomaten ohne Hummeln. Rittersporn und Eisenhut, Schwertlilien und Rotklee, eben alles, was für eine Honigbiene zu kompliziert ist, wird von den schwereren Hummeln bestäubt. Jede Hummel sammelt individuell, benachrichtigt im Gegensatz zu den Bienen die Stockgefährtinnen also nicht durch einen Bienentanz über von ihr entdeckte Nahrungsquellen. Pollen und Nektar werden in getrennten Behältnissen, der Honigblase im Hinterleib und dem Pollenkörbchen an den Hinterbeinen, in den Bau getragen. Kurzrüsselige Hummeln beschränken sich allerdings nicht nur auf das, was sie problemlos erreichen können, sondern knacken auch für sie eigentlich unzugängliche Blütentresore, indem sie sie von der Seite her anknabbern. Hummeln legen keine langfristigen Vorräte an. Aber sie sind wahre Anpassungskünstlerinnen, wählen ihre Futterpflanzen flexibler aus als Honigbienen. Sie bleiben einer Sorte nur dann treu, wenn sich die Ausbeute auch lohnt, haben oft eine Ausweichmöglichkeit und wechseln die Pflanzen, wenn die Konkurrenz dort zu groß wird. Sie „errechnen" also genau die Relation zwischen Ertrag und Energie für den Flugaufwand.

Dass die Universalgenies unter den Bienen bedroht sind, ist auf den ersten Blick nicht ersichtlich, solange die von Laien schwer zu unterscheidenden Brummer noch überall zu sehen sind. Von den in Deutschland vorkommenden über 30 Arten sind allerdings einige schon sehr selten geworden, die eine oder andere ganz verschwunden. Acht Insektenkundler warnten 1993 in einem Aufsatz gemeinsam, dass die Hummeln „zu einem erheblichen und Ärgernis erregenden Teil durch durchaus vermeidbare, rücksichtslose Beeinträchtigung der letzten möglichen Refugien in Saum- und Kleinbiotopen der Offenlandschaft" bedroht seien. Zu den Hummelkillern zählen sie moderne Mähgeräte für Böschungen und Feldränder, Wiesenmahd zur Unzeit, Pflügen der Feldraine und fordern, diese „Mähgeräte mit ihrer mörderischen Wirkung" zu verbieten.

In kompliziertere Verästelungen der Hummelforschung führt die Unterscheidung zwischen kurzrüsseligen „Pollen-storers", Topfmachern, und langrüsseligen „Pocket-makers", Taschenmacher. Die Bezeichnungen beziehen sich darauf, wie die Hummeln die Nahrung für ihre Larven aufbewahren. Pollen-storer bauen dem Nachwuchs aus ausgedienten Puppenkokons und Wachs Futtertöpfe als Speicher. Die langrüsseligen Pocket-makers formen von der Brutwabe aus erreichbare Wachstaschen, aus denen sich die Larven selbst bedienen.

Das Hummelleben ist kurz, arbeitsintensiv und gefährlich. Hummeln haben viele Feinde: Milben, Wachsmotten, Igel, Mäuse, Dachse und Waschbären können der Kolonie den Garaus machen. Und auch die eigenen Verwandten, die wehrhaften Kuckuckshummeln *(Psithyrus)* dringen in die Nester anderer Arten ein, töten die Königin oder ziehen als Untermieter ein, fressen die Brut und lassen ihre eigenen Eier und Larven von den Arbeiterinnen des okkupierten Volkes pflegen. Die Schmarotzerinnen gleichen ihrer Wirtsart oft so sehr, dass die Unterscheidung schwer ist. Den Weibchen fehlen allerdings die Pollentransportkörbchen an den Hinterbeinen, denn sie müssen keine Nahrung für ihre Brut heranschaffen. „Echte" Hummeln ihrerseits sind bei der Wohnungssuche so durchsetzungsfähig, dass berichtet wird, sie können mit lautem, drohendem Summen, Angriffsflügen und Stichen durchaus eine Maus, einen Vogel oder eine Königin der eigenen oder anderer Spezies aus deren Nestern vertreiben.

Und da ist die alte Kinderfrage: „Können Hummeln stechen?" Ja, können sie, sagt Claudia Thöne, „aber sie tun es fast nie". Hummeln können ihren Stachel, den sie nur selten einsetzen, sogar, wieder im Gegensatz zu den Bienen, mehrfach benutzen. Vorher warnen sie mit einem ausgestreckten Hinterbein. Wenn eine Hummel sich auf den Rücken wirft, die Beine seitwärts reckt und das Hinterteil nach oben aufstreckt, heißt das in ihrer Körpersprache, dass sie stechbereit ist. Ihr Gift ist nicht gefährlicher als das einer Honigbiene. *Bombus fervidus* setzt gegnerische Insekten auf süße Weise außer Gefecht. Sie verklebt sie mit erbrochenem Honig. Aber

Hummeln sind „stechträge“, haben einfach Besseres zu tun. Denn die pummeligen Insekten sind beileibe nicht plump und faul. Witte ist begeistert von ihrer Leistungsfähigkeit. Hummeln steuern täglich sechs- bis zehnmal pro Flug je 400 Blüten an. Sie fliegen schneller und ihr Ertrag ist 200-mal größer als der von Honigbienen. Sie beginnen ihren Arbeitstag früher und hören später auf, vertragen kühlere Temperaturen. Ihr Treibstoff ist Zucker, mit dem sie ihren Wärmehaushalt speisen und den pelzig isolierten, schweren und schwer beladenen Körper wie einen Hubschrauber starten und in der Luft halten. Dabei brauchen sie doppelt so viel Energie wie Kolibris.

Mittlerweile sind auch die wilden Hummeln in der Landwirtschaft von großem ökologischem Nutzen. Die Züchter von belgischen Treibhaustomaten haben sich fast ganz auf Hummeln zur Bestäubung umgestellt. Seither ernten sie mehr, gleichmäßigere, festere Früchte als bei künstlicher Bestäubung und verzichten dafür auf Insektizide. Auch Paprika, Erdbeeren, Zucchini und Blumen in Saatzuchtbetrieben werden dort und in anderen europäischen Ländern mittlerweile von eigenen oder geleasten Hummelvölkern bestäubt.

Ekeltiere

Warum aber entscheiden sich Menschen für das eine oder andere Tier, lieben es, und finden andere abscheulich? Zoo-Paten wollen oft für ganz besonders kuriose Tiere spenden, Erdferkel und Warzenschweine zum Beispiel. Was zieht die Menschen an, was stößt sie ab? Das unbekannte andere als Selbstvergewisserung, das Abgelegene, Fremde als bizarre Bereicherung? Aber auch mit der Nähe, dem Bekannten, ist das so eine Sache. Manche Menschen hassen eben Katzen, andere Hunde. Manche halten Rabenvögel für schlau, andere finden sie unerträglich opportunistisch. Mag sein, dass sie deren zugeschriebene Eigenschaften für sich reklamieren oder von sich weisen. Tierphobien aber sind eine ganz eigene Sache, individuell verschieden, gesamtgesellschaftlich aber in den jeweiligen Kulturkreisen doch anerkannt. Den größten Widerwillen lösen Insekten vielerlei Gestalt aus. In diesem ganz besonderen Falle ist es den Menschen ganz egal, ob die Krabbeltiere eigentlich nützlich sind oder nicht. Phobien können ja auch nicht rational sein. So treffen sie unterschiedslos Kakerlaken, Spinnen, Silberfischchen, Ohrenkneifer, Wespen und was sich sonst noch so die Begriffe Geschmeiß, Ungeziefer eingefangen hat. Das Geziefer ist erst im Nachhinein mit einem noch einmal herabstufenden „Un-“ versehen worden. Es leitet sich vom althochdeutschen „zebar“ ab, dem Opfertier. Geziefer, vormals ein Begriff auch für größere Tiere, ist aus der Sprache verschwunden. Das Ungeziefer blieb uns erhalten. Es ist anzunehmen, dass es ursprünglich Getier meinte, das nicht für wert erachtet wurde, geopfert zu werden.

Und wer will auch verlangen, dass mensch die Wespen auf dem Pflaumenkuchen, die sirrende Mücke im nächtlichen Schlafzimmer, das Spinnentier Skorpion im Hotelzimmer in Griechenland so direkt als Bereicherung oder wenigstens Mitgeschöpf empfinden soll. Wespen können nun einmal stechen und versetzen nicht nur Allergiker in Panik. Da nützt es ihnen nichts, dass sie es nicht tun würden, wenn nur diese Menschen ruhig sitzen blieben, nicht wie schon gestochen um sich fuchtelten oder beim Einzug eines Wespenvolkes unter dem Dachboden gleich die Feuerwehr riefen. Wie gut für sie, dass auch Hornissen mittlerweile ihre humanoiden Schützer und Retter finden. Bei Tübingen wurde im Sommer 2001 ein Hornissennest mit dem Staubsauger aus einem Rolladenkasten befreit und umgesiedelt, ohne dass ein einziges der 100 Tiere zu Schaden kam. Insekten- oder Spinnenphobien hin oder her, wir müssen mit dem großen Krabbeln schon deshalb leben, weil es einfach in der Mehrheit ist. Geschätzt eine Trillion Insekten leben auf der Erde, die zusammengesammelt 2,5 Milliarden Tonnen wiegen würden. Keiner gibt gerne zu, das eine oder andere Exemplar in der eigenen Wohnung zu haben. Dabei ergab eine kleine Umfrage im Bekanntenkreis nach kurzem Zögern eine beachtliche Liste der gern verschwiegenen Mitbewohner: Brotkäfer, Fruchtfliegen, Mehl- und Kleidermotten. Davon leben ganze Industrien.

Nun kommt es, wie gesagt, immer darauf an, wo auf der Welt so ein Insekt beheimatet ist. Spinnen genießen in der Mythologie nordamerikanischer Indianer hohes Ansehen. Sie gelten als Glückssymbol. Die listige Spinne holte mit Tontöpfchen und Netz das Feuer für die Menschen auf die Erde. Den Pueblo-Frauen brachte die „weise Großmutter“ das Weben bei. Was hier scheußlich gefunden wird, gilt anderswo als proteinreiche Delikatesse.

Auch Schlangen und Kröten haben ihren festen Ort in der Ekel-Liste. Der erste Platz bei den Säugetieren ist unzweifelhaft den Ratten vorbehalten. Was nun aber macht es aus, dass der Mensch ein Tier nicht eklig, sondern niedlich findet? Warum genießen ausgerechnet der promiske Sturkopf Igel und der dröge Pandabär die menschliche Zuwendung, die den Spendereflex auslöst? Und wie kommt es außerdem, dass manche traditionellen Ekeltiere neuerdings eine Karriere als Schmuseviecher gemacht haben? Schon Sigmund Freud, der Vater der Psychoanalyse, hatte es im vorigen Jahrhundert gewusst. Marginalisierte unter sich werden zu emotionalen Verbündeten. Er schilderte einen Fall, bei dem der zwangsneurotische Patient „oft mit Grausen gesehen hatte“, wie Ratten von den Menschen „grausam verfolgt“ und „schonungslos erschlagen“ wurden: „Oft hatte er Mitleid mit solchen armen Ratten verspürt. Nun war er selbst so ein ekelhafter, schmutziger kleiner Kerl gewesen, der in der Wut um sich beißen konnte und dafür fürchterlich gezüchtigt worden war. Er konnte wirklich sein ganz ‚natürlich Ebenbild‘ in der Ratte finden.“ Kleine Nagetiere, sagt die Psychoanalytikerin Sigrid Seifert, können auch Identifikationstiere sein, randständig, verachtet und damit geeignet, im Rollenspiel von Tier und Mensch Verständnis für dessen Sorgen und Nöte zu haben.

Der Holländer Midas Dekkers hat sich in seinem Buch *Geliebtes Tier* seine eigenen Gedanken zur Tierliebe in den westlichen Industrienationen gemacht, deren Ausprägungen er „den Gipfel der Dekadenz“ nennt, ein „Zeichen von Verfall“, „Kurzschluss unserer Gefühle: der Hilferuf einer durchgedrehten Gesellschaft“. Dekkers wollte es genau wissen und erarbeitete eine „Hit-Liste der meistgeliebten Tiere“ der Menschen. Sie beginnt mit dem Affen als solchem, es folgen Pferd, Hund, Schimpanse, Papagei, Löwe, Katze, Pandabär, Elefant. Das von Kollegen angenommene Kriterium der flauschigen, pelzigen „Streichelbarkeit“ reichte ihm nicht aus. Jene Tiere, meint er, die als besonders scheußlich empfunden werden, sind zwar zumeist auch ziemlich unstreichelbar: Quallen, Spinnen, Zitteraale zum Beispiel. Wenn aber der Pelz Liebe ausmache, fragte er, was sei dann der Grund dafür, dass es „dem Menschen beim Anblick eines zart behaarten Tieres wie der Vogelspinne gerade wegen der Behaarung kalt den Rücken herunter“ laufe? Und schließlich sind auch die in Kinderzimmern so beliebten Schildkröten wirklich relativ wenig kuschelig, dafür aber recht dankbar, jedenfalls aus elterlicher Sicht pflegeleichter und widerstandsfähiger als Hund und Katze.

Dekkers lehnt es auch ab, die Zuneigungen nur auf das Kindchenschema, großer runder Kopf und Kulleraugen, zu reduzieren. Für ihn ist der Papagei der Schlüssel zum Geheimnis. Menschen lieben, was ihnen ähnlich ist. Und das sei bei dem einzigen Vogel auf der Liste besonders signifikant zu erkennen. Ein Papagei sitze aufrecht auf zwei Beinen, greife sich sein Futter und führe es geschickt mit dem Greiffuß zum Schnabel, er gelte als kluger Vogel und lerne sogar sprechen. Was auch erklären könnte, dass, auf der Liste, bis eben auf den Papagei, nur Säugetiere stehen. Zu fremd mögen Spinnen, Insekten, Reptilien und Amphibien sein. Nun ist Ekel auch kulturell erworben und hat bei manchen Tieren gesellschaftlichen Konsens. Das Tier als Krankheitsüberträger und Nahrungskonkurrent gilt als Plage. Ob zu Recht oder zu Unrecht, sei dahingestellt. Und außerdem spielen manchmal weder Unstreichelbarkeit noch Fremdheit eine Rolle, sondern kulturelle oder religiöse Vorbehalte. Das zum Ende des Mittelalters den vermeintlichen Hexen zugeschriebene Attribut Katze gilt auch heute noch vielen als ein falsches Biest.

Wenn die Ameisen vor Wut zerplatzen

Sie kriechen müde vor sich hin und verspritzen bei Gefahr eine besonders hoch konzentrierte, ätzende Säure. Es sind malaysische Ameisen, die den Frankfurter „Palmengarten“ bevölkern, jedenfalls den ersten Schaukasten einer Ausstellung über die sechsbeinigen, Staaten bildenden Krabbeltiere.

Afrikanische Biologen machten Beobachtungen der bei ihnen heimischen Spezies, die sich für Mensch und Tier als ausgesprochen schmerzhaft erwiesen. Die Ameisen sind nicht ohne Grund wehrhaft. Spezialthema der Ausstellung im Jahr 1990 war allerdings eine andere Wechselbeziehung, nämlich die „faszinierende und kaum glaubliche Vielgestaltigkeit des Zusammenlebens von Ameise und Pflanze“.

Und da gab es Wundersames zu sehen. Eine besonders große afrikanische Ätzerin der Gattung *Pachysima* bewohnt mit ihrem

Völkchen ausschließlich zwei Baumsorten. Ihr Stich schreckt Blätter rupfendes Großwild ebenso ab wie Menschen, die auf die Idee kommen, einen solchen Baum etwa roden zu wollen. Die Ameisen und die Pflanzen haben also eine Schutz- und Trutzgemeinschaft gebildet.

Sie bieten den Ameisen im Gegenzug dafür, dass diese Fressfeinde abschrecken, pflanzliche und tierische Parasiten vertilgen oder auch nur die Samen „ihrer" Pflanze verbreiten, allerlei. Sie bauen den Ameisen Wohnungen in vielgestaltiger Form. Die Ameisenakazie schafft Platz in ihren hohlen Stacheln, andere bilden Kammern in Knollen, Blattstielen, Stämmen.

Manche Pflanzen produzieren für ihre Wächterkolonien sogar außer den für ihre eigene Vermehrung notwendigen Blüten und Samen eine gesonderte Ameisenkost in Form von so genannten Nektarien, nachgerade kleinen Honigtöpfchen, und Fraßkörpern, in denen eine hochwertige Eiweiß- und Kohlenhydratdiät gespeichert ist. Eben deshalb heißen sie Ameisenpflanzen oder, unter Fachleuten, Myrmekophyten (griech.: myrmex = Ameise, phyton = Pflanze). Richtig sympathisch werden die Krabbler der Betrachterin vor Schautafeln mit so schönen Sätzen wie dem über die Bulldoggenameise: „Männchen treten nur zeitweilig auf." Oder nebenan: „Eine Arbeiterin einer tropischen Rossameise trägt ein Männchen zum neuen Nest."

Die „kaum glaubliche Vielgestaltigkeit" ergibt sich schon aus der Anzahl der rund 15 000 verschiedenen Arten, die nicht nur in der Marmelade auf dem Campingplatz herumkrabbeln. Nur die Arktis ist ameisenfrei. Und Ameisen tun auch heute noch das, was sie, wie paläontologische Funde im Ölschiefer der Grube Messel belegen, seit über 40 Millionen Jahren taten. Damals allerdings brachten sie es noch auf die stolze Größe von sieben Zentimetern. Die Varietäten haben so beruhigend zuverlässige Mundwerkzeuge wie Schnappfallen-, Säbel- und Pinzettenkiefer. Mit denen gehen sie auch untereinander nicht zimperlich um. Da ist zum Beispiel der Sklavenraubzug der Knotenameisen zu nennen. Die ganze Bande zieht mit Arbeiterinnen und SoldatInnen aus, überfällt ein Nachbarvolk und klaut die Brut. Die wird dann herangezogen und zur Sklavenfron eingesetzt. Treiberameisen jagen in breiter Front. Ein besonders hinterhältiges Tier ist die „sozialparasitäre Schuppenameise“. Sie nistet sich in fremden Bauten ein, krabbelt unter die viel größere Königin und tötet sie „durch langsamen Kehlbiss“. Deren eigenes Volk füttert dann die Brut des Eindringlings groß und wird nach und nach von dieser verdrängt.

Ihren Meister finden die Ameisen in einem dicken schwarzen Käfer mit schauspielerischen Qualitäten. Der Glanzkäfer hockt sich an die Ameisenstraßen und bettelt, täuschend echt mit der Gestik, mit der sich Ameisen durch Fühlerbewegungen und Laufschritte untereinander zur gegenseitigen Nahrungsabgabe animieren, um Futter. In einem der Schaukästen zerschnipseln Blattschneideameisen unermüdlich einen Strauß hellrosa Rosen in kleinste Fitzelchen. Sie fressen das Zeug nicht etwa, sondern schleppen es in ihren Bau, um darauf eine Pilzkultur zu züchten, von der sie sich ernähren.

Ameisen sind nicht nur artenreich und effizient. Sie sind auch kleine „chemische Fabriken“ mit einer Vielzahl von Drüsen, deren Sinn und Funktionsweise längst nicht umfassend erforscht ist. Bei einer asiatischen Sorte fanden sich 30 verschiedene Hautdrüsen. Ameisen stellen in ihren Körpern die verschiedensten Duftstoffe her. Manche davon dienen als Duftspuren zur Wegmarkierung, manche signalisieren eine Beute, andere sind einfach Stallgeruch, markieren Nährsekret oder sind Alarmsignal, reinster Speed, ausgeschüttet bei Gefahr als Animation zum Einsatz von Kampfmitteln gegen Feinde. Dann verwandeln sich die Tiere in regelrechte „chemische Keulen“. Die meisten Arten haben ihren entwicklungsgeschichtlich ursprünglich angelegten Giftstachel in flächendeckendere Sprühdosen umgewandelt. Damit kleben, leimen, lähmen und töten sie ihre Angreifer.

Manch eine Ameise schäumt regelrecht vor Wut. Am radikalsten sind die Arbeiterinnen einiger südostasiatischer *Camponotus*-Arten. Sie lassen sich einfach zerplatzen und überschwemmen ihre Feinde dabei mit einer Giftbrühe. Da ist eine Eigenart lateinamerikanischer Ameisen doch wesentlich sympathischer. Sie legen in den

Gipfeln der Bäume Gärten an, indem sie die Samen verschiedener Pflanzen regelrecht „aussäen" und dann zwischen ihnen nisten. Die Aussteller wenden sich folgerichtig gegen die Zerstörung der tropischen Regenwälder. Ameisenpflanzen sind „in ihrer höchsten Ausbildung tropische Wundergeschöpfe, die mehr sind als die Summe ihrer Teile, also als Tiere und Pflanzen. Sie sind Symbiosewesen, total aneinander angepasst und allein nicht lebensfähig", schreibt Ulrich Maschwitz in seiner Einführung in einer Begleitbroschüre der Ausstellung.

Viel Bein, wenig Hirn

Spätsommer – Reisezeit für Spinnen. Der Nachwuchs der Krabbeltiere fliegt nun an Fäden mit dem Wind um die Welt. Die Spinne hatte schon immer ein verruchtes Image: Sie taugt als Todesbotin und Glücksbringerin zugleich. Vielleicht verdankt das Tier diesen Ruf ja seinem bizarren Liebesleben.

Altweibersommer, schöner Indian Summer, Septemberende will goldener Oktober werden. Die Wiesen silbrig und grau, die Birkenblätter glänzende Golddukaten. Feine Spinnfäden im Licht, Feenhaare treiben im Wind. Feenhaare, Gespinst der Zwerge und Elfen? Fromme Marienfäden, Reste des Schleiers, der der Gottesmutter auf der Himmelfahrt verloren ging? Wir wissen es heutzutage besser: Alles Unfug, Altweibersommer ist Spinnwebenzeit.

Die kleinen Ekelpakete, die den Hausfrauen Graus und Spinnenphobikern grauenhafte Furcht bereiten, gehen im Herbst auf Reisen. Meist wandern die Jungtiere im Luftzug. Die Männchen der Zwergspinnen schweben auf Weibchensuche durch die ganze Welt. Spinnen besiedeln Wasser und Land. Aufwinde tragen sie in Höhen bis zu dreitausend Metern, manche segeln bis auf das tibetische Dach der Welt. Und werden dort schon erwartet: von einer Artgenossin, die sich der Kälte angepasst hat und auf die Reisenden vor dem Winde lauert.

Seltsam ambivalent ist das Verhältnis des Menschen zur Spinne, der Fadenzieherin und Schicksalsweberin, der Norne und weisen Frau. Das geometrische Radnetz der Kreuzspinne ist zeitloses Symbol für Vergänglichkeit und Ewigkeit, zugleich zerbrechliches Kunstwerk und stabile Zweckmäßigkeit. Die Weberin wird – „Iiigitt, eine Spinne!" – mit dem Pantoffel platt gehauen. Tarantel-jagd im Hotelzimmer in Griechenland bleibt unvergessenes Urlaubserlebnis. Siegfried erschlägt den Drachen: „Die war so flink. Eine halbe Stunde habe ich sie gejagt. Und dann habe ich sie zu Brei geschlagen." Sie, das war eine *Lycosa radiata*, eine Tarantel aus der Familie der Wolfsspinnen, die größte der europäischen Arten. Nur Schlangen sind noch unbeliebter. Der Spinnenexperte Franz Renner schreibt in seinem Buch *Spinnen – ungeheuer – sympathisch*: „Hauptsächlich bei Frauen scheint eine Spinnenangst deutlich ausgeprägt zu sein." Aber auch Männer fürchten sich vor dem Krabbeltier, „bei ihnen ist allerdings der soziale Druck größer, sich dem Objekt ihrer Furcht zu stellen".

Tierphobien sind im leichteren Fall durch elterliches Vorbild erlernt, im ernsteren der Psychoanalyse als Übertragungsangst bekannt. Hass und Abscheu richten sich statt auf den eigentlich gemeinten Verursacher auf ein anderes, harmloseres Objekt, das zu hassen und zu fürchten weder individuelle noch gesellschaftliche Sanktionen zur Folge hat. Die Spinne ist einerseits Hexen-, Teufelstier, Todesbotin und Gottesfeind. Andererseits gilt sie auch als Glücksbringerin, Wetterprophetin, lebendes Orakel, das zu töten Unglück bringt. Hilfreich habe die Kreuzspinne Jesus mit ihrem Netz erst vor Verfolgern verborgen und dann am Kreuz vor Fliegen beschützt, erzählt eine Legende. „Muttergottestierchen" heißt folgerichtig das gute Tier in Tirol.

Eine der ältesten Spinnengeschichten erzählt von menschlicher Hybris und göttlichem Neid. Die griechische Göttin Pallas

Athene verwandelt die Weberin Arachne in eine Spinne, weil deren Webstück besser gelungen war als das ihre. So webten Generationen von Frauen gerne Fehler in ihre Teppiche – man weiß ja nie. Älter und rationaler aber ist eine 10 000 Jahre alte Höhlenmalerei in Spanien, in der die Spinne als nützliche Fliegenfängerin dargestellt ist.

Allerlei Kurioses über das Wesen der Spinnen verbreitete sich in Europa im Mittelalter. Scharlatane handelten mit Spinnensteinen und -pülverchen. Die Tiere waren aber nicht nur Heilmittel, sondern wurden auch dämonisiert – ihre Gefährlichkeit wurde heillos übertrieben. Sie galten allesamt als fähig, ihr Gift aus der Luft zu filtern und damit Speis und Trank zu vergiften. Im Volksglauben waren sie Widerpart der Bienen, aus den Blumen bitteres Gift statt süßen Nektars saugend. „Die spinne seuget gifft aus den lieben Rosen, darin eine biene eitel honig findet, was kan sie dazu, dasz ir süszes honig der spinnen zu gifft wird“, sinnierte Martin Luther. Die Wahrheit ist rabiater. Spinnen sitzen auf Blumen, um anfliegende Bienen zu fangen und aufzufressen. Sie können sich dabei zur Tarnung der Farbe der Blütenkelche anpassen.

Einem spätmittelalterlichen Irrtum verdankt auch eine Verwandte des griechischen Urlauberopfers, die apulische Tarantel *(Lycosa tarentula)*, ihren weltweiten Ruhm. Nach ihr heißt die wilde Tarantella süditalienischer Volksfeste. Der Tanz entwickelte sich zwischen dem 13. und 18. Jahrhundert in Apulien. Er geht zurück auf eine seit der Antike übliche Tanztherapie gegen ein Krankheitsphänomen, das im Hochsommer vor allem junge Feldarbeiter befiel und sie apathisch machte. Die Symptome wurden fälschlich Spinnenbissen zugeschrieben, die Opfer hießen „Tarantati“. Seit dem 17. Jahrhundert stritten Gelehrte über die Ursachen der Krankheit. Vermutlich litten die Betroffenen, das ergaben neuere Forschungen, an den Folgen von Hitzschlag und Sonnenstich. Die Tarantella jedenfalls wurde zum Frauentanz, provokanter Hit auf Volksfesten mit deftigen Liedtexten: „Wohin biss dich die kleine Tarantel? – Unter die Fransen des Rockes!“

Wirklich gefährlich können den Menschen von den rund 35 000 Spinnenarten nur 50 werden. Und hier gilt die Regel, dass die größeren meist die harmloseren sind. In Europa ist nur bei einer Vorsicht geboten. Die einen Zentimeter kleine Schwarze Witwe lebt im Mittelmeerraum und siedelt zwischen Steinen, Geröll, auf Mauern und Feldern, aber auch in Häusern und auf Toiletten im Freien. Der erbsenrunde Körper dieser Kugelspinne ist schwarz und mit auffällig roten Warnflecken gemustert. Ihr leichter Biss wird meist erst bemerkt, wenn die Symptome auftreten: Schmerzen in den Lymphknoten, Schwitzen, Zittern, Herzklopfen, Lähmungen, Atemnot. In Deutschlands Wiesen am Rhein beißt vor allem das Dornfingerweibchen, wenn es während der Eiablage gestört wird, und verursacht mit ihrem Gift Schüttelfrost und Schmerzen.

Der Name der Spinne kommt von ihrem Tun. Aber nicht alle Spinnen spinnen, und nicht alle spinnen gleich. Die Wasserspinne lebt in einer selbst gewebten Taucherglocke, in die eine Luftblase eingearbeitet ist. Manche weben Fangröhren, andere legen Stolperfäden oder bauen Klappfallen, manche versehen ihr Bauwerk mit Klebfäden, andere produzieren mit ihren Spinndrüsen am Hinterleib winzig feine Fädchen, in denen sich die Opfer verheddern. Eines der symmetrischsten Netze bauen die Kreuzspinnen. An ihnen testeten Wissenschaftler die Wirkung von LSD. Den berauschten Versuchstieren gerieten Ordnungssinn und Fäden mit wachsender Dosis zunehmend durcheinander.

Alle Spinnen sind Fleischfresser. Sie jagen vorwiegend Insekten und gerne auch ihre eigenen Artgenossen. Manche Tiere fressen ihren Fang stückchenweise auf, andere saugen ihn aus. Sie injizieren der Beute Sekrete, die sie verflüssigt. Jagdspinnen springen ihren Opfern ins Genick wie die Katzen den Mäusen.

Das Sexualleben der Spinnen ist eine komplizierte Angelegenheit. Das Fortpflanzungsorgan beider Partner liegt am Hinterleib. Eine direkte Kopulation ist ihnen durch den Körperbau nicht möglich. Die Spinnenmännchen scheiden das Sperma aus und saugen es in einem der beiden Taster rechts und links der Fressscheren wieder auf. Den Taster applizieren sie dann in die Geschlechtsöffnung am Hinterleib der weiblichen Spinne. Die meist kleineren Männchen haben es dabei verdammt schwer, den Beutetrieb der Weibchen in den zur Fortpflanzung umzulenken. Oft gelingt ihnen das nur kurz, und sie retten sich nach der Begattung durch einen blitzschnellen Sprung. Manche Männchen umbalzen ihre Auserwählten, tanzen ihnen mit den Vorderbeinen etwas vor, winken, trommeln oder konzertieren durch Aneinanderreiben der Beine. Andere klopfen artig an, indem sie im artspezifischen Rhythmus am Netz der Auserwählten zupfen. Einige umgarnen ihr Weibchen sicherheitshalber mit lockeren Spinnfäden oder fesseln es.

Raubspinnen bringen eine gut verpackte Fliege als Brautgeschenk mit und paaren sich, während die Spinnenfrau die Gabe frisst. Ist die Braut dabei nicht schnell genug, schnappt sich der Spinnenmann sein Restgeschenk wieder und geht damit anderweitig auf Werbung. Ist allerdings das Männchen zu langsam, wird es seinerseits – meist versehentlich – mit verputzt. Kann schließlich passieren.

Viele Spinnenarten betreiben Brutpflege, tragen die eingesponnenen Eier im Kokon mit sich herum oder transportieren die geschlüpften, noch weichen Jungen auf ihrem Rücken herum. Die kleinen Spinnen sind erst erwachsen, wenn sie sich mehrmals gehäutet haben.

Spinnen gehören zur weltweit artenreichsten Klasse der Gliederfüßer. Die ältesten Spinnentiere, riesige Seeskorpione, sind ausgestorben. Insekten sind Spinnen nicht. Sie zählen mit ihren acht Beinen und meist sechs bis acht Augen zu den Spinnentieren (Arachnida), ebenso wie die Ordnungen der Skorpione, Milben und Weberknechte. Die Weberknechte, dem Augenschein nach die spinnenbeinigsten aller Spinnen, unterscheiden sich von den Echten Spinnen (Araneae) durch ihren einteiligen Körper. Zudem fehlt ihnen die für Spinnen typische Taille zwischen den beiden Körperhälften, sie haben nur zwei Augen, können nicht spinnen und sind Allesfresser.

Spinnen pflegen zu polarisieren: Entweder Spinnefeind oder Spinnenfreund. Beide finden sich auch in der Literatur. Jean Paul beobachtete naturschwärmerisch: „es war ein stiller warmer nachsommermittag … auf den übersponnenen stoppeln arbeiteten noch spinnen am fliegenden sommer.“ Schiller dagegen ekelte der Altweibersommer: „Du weißt, Bruder, dass mir auf diesem weiten Erdenrund kein Geschöpf so zuwider ist, als eine Spinne und ein altes Weib.“ Auch August von Platen fühlte im Angesicht einer Spinne „entsetzlichen Abscheu“. Gottfried Keller, Humanist mit Liebe zum Absurden, setzte sich im vorvorigen Jahrhundert dichterisch für die Aussöhnung von Mensch und Spinne ein:

Erst als schon die Haare grauten,
Begann ich sie zu schonen
Mit den ruhiger angeschauten
Brüderlich zu wohnen;
Jetzt mit ihren kleinen Sorgen
Halten sie sich still geborgen,
Läßt sich einmal eine sehen,
lassen wir sie weislich gehen.

Quallen – wundersame Wesen in den Weiten der Meere

Die Vermehrung der Quallen ist eine komplizierte Angelegenheit. Die Staatsqualle Spanische Galeere ist ein Staatswesen vieler spezialisierter Einzeltiere. Am Strand bleibt nur Gallert übrig.

Zauberwesen des Meeres, farbig leuchtend, durchscheinend und blütengleich. In feenhafter, körperloser Stille gleiten sie schwebend im Wasser dahin, Objekte der Faszination in Bildbänden und Unterwasserfilmen. Beim Namen genannt, aus der Nähe besehen oder gar bei Hautkontakt schlägt das Staunen in Ekel um: „Igitt, eine Qualle!“ In Massen vergällen sie Badenden den Urlaub, verschrecken Tourismus-Manager und sind, kurz und knapp, eine ebenso geschäftsschädigende wie schlagzeilenträchtige Plage. Und noch dazu eine teure. Betreiber von Meerwasserentsalzungsanlagen und Kraftwerken verscheuchten sie bisher mit ätzender Chemie – Chlorbleichlauge oder Chlorgas. Neuerdings versuchen sie, die wabbelige Invasion, die Filter und Kühlwasserleitungen verstopft, mit Schallwellen zu vertreiben. Frequenzen von 2000 bis 3200 Hertz tönen aus Unterwasser-Lautsprechern und schlagen die Quallen erfolgreich in die Flucht. Wen sie sonst noch meilenweit davonjagen, ist bisher unerforscht. Diese Obertonlage der menschlichen Stimme geht jedenfalls Hunden, Walen, Delphinen und den Menschen gleichermaßen durchdringend auf die Nerven.

Der Wissenschaftler Gerhard Jarms vom Meeresbiologischen Institut der Universität Hamburg hat das Leben der Quallen viele Jahre lang erforscht. Ihm ist nicht das Tier, sondern der Begriff ein Gräuel. „Qualle", sagt er, „das ist eben der volkstümliche Sammelbegriff". Er versucht, mit den Vorurteilen der Menschen aufzuräumen, hält Vorträge und führt Studenten zu Quallen-Expeditionen nach Helgoland. In der Tat, lernen wir, sind Quallen nicht einfach Quallen. Zuerst einmal sind sie, trotz manchmal bizarrer Pflanzenähnlichkeit mit radialer, strahliger Symmetrie und Puddingkonsistenz, echte Tiere – vielfältig und artenreich. Sie gehören zu den Hohltieren, deren Merkmal eine doppelte äußere Zellschicht ist, die den inneren Magenhohlraum umgibt.

Die meisten Quallen sind Nesseltiere mit ausgeklügelten Giftapparaturen. Sie sind mit Schleudern, Pfeilen, Klebezellen und Fangfäden bewaffnet. Mit 40 000facher Erdbeschleunigung werden die Nesselzellen auf die Beute geschleudert, die in wenigen Millisekunden getroffen ist. Räuberische Meeresbewohner sind die Quallen allesamt – von den Segelquallen, die sich dicht unter der Wasseroberfläche mit dem Wind treiben lassen, bis zu den Tiefseespezialisten. Viele von ihnen fluoreszieren in grünem oder violettem Schimmer, manche leuchten rot, rosa oder silbern. Eine der schlichtesten, die winzige Hydra, lebt allerdings auch im Süßwasser. Sie kann mit ihren Pfeilen allenfalls einem Wasserfloh gefährlich werden. In der Sage kämpfte der griechische Held Herkules gegen ein gleichnamiges, vielköpfiges Ungeheuer, dem die abgeschlagenen Häupter immer wieder nachwuchsen. Die Fähigkeiten der kleinen Hydra sind unheimlicher und verleihen der Sage einen merkwürdigen Wahrheitsgehalt. Naturforscher haben schon vor 200 Jahren Versuche mit ihr angestellt und entdeckt, dass sich der Winzling, auch mehrfach mit dem Messer zerteilt, aus den Stückchen immer wieder zu einem neuen, vollkommenen Tier komplettieren kann.

Quallen, so lautet die nächste Lektion, sind eigentlich gar keine. Oder nur ein Teil des Ganzen. Wissenschaftlich erscheinen sie als Polypen und Medusen. Und sie wandeln sich wundersam, wechseln von der einen Erscheinungsform in die andere. Das tun sie der Vermehrung wegen. Und die ist eine komplizierte Angelegenheit: Der auf Steinen, Korallenriffen oder Algen festsitzende Polyp wird bei drei der vier Klassen der Nesseltiere nicht geschlechtsreif. Er teilt sich stattdessen, manchmal wie ein Satz Tellerchen, manchmal durch Knospung. Die konkav übereinander gestapelten Tellerchen lösen sich ab, drehen sich um und schwimmen als Medusen davon. Manche Polypen bilden ihre Medusen auch durch eine komplette Metamorphose. Sie schicken, so Jarms, „ihre Geschlechtswesen einfach auf die Reise". Beide Generationen sind, obwohl sie so unterschiedlich aussehen, genetisch gleich. Sozusagen vom selben, wenn auch kalten, Fleisch und Blut. Die Medusen befruchten sich während ihrer Reise, legen Eier, aus denen Larven schlüpfen, die sich wiederum festsetzen und zu Polypen entwickeln.

Ist die Nahrungslage für die Larven schlecht und die Art bedroht, warten die Polypen bessere Zeiten ab und schließen die Lücke durch verstärkte Medusenproduktion. Die immer wieder Teile abgebenden Polypen sind, so Jarms, „theoretisch unsterblich". Die Fortpflanzung in zwei Generationen richtet sich nach den Jahreszeiten. Dies erklärt zum einen die sporadisch auftauchenden Quallenschwärme und zum anderen, warum sie in Nord- und Ostsee im Winter verschwunden sind. Die Tierart, so Jarms, ist natürlich trotzdem da, „als kleiner, nur Millimeter bis wenige Zentimeter großer, festsitzender Polyp". Die getrennten Lebensräume stellen die Forscher manchmal auch vor die fast unlösbare Aufgabe, die frei schwimmenden Medusen eindeutig „ihren" Polypen zuzuordnen.

Polypen der Tiefsee verzichten aus ökonomischen Gründen auf die freischwimmende Meduse. Jarms: „Es wäre viel zu aussichtslos, aus 5000 Metern Tiefe zur Nahrungssuche nach oben schwimmen zu müssen, bis dahin wären die eingegangen. Polypen setzen ihre Geschlechtswesen, die Medusen, zur Verbreitung und Vermehrung frei." Deshalb verzichten Arten, für die das aufgrund ihres Lebensraumes keinen Sinn macht, eben ganz auf die Medusen oder halten sie klein, andere geben ihr wiederum den Vorzug (Hydromedusen). Trachy- und Narcomedusen kommen ohne Polypen aus.

Die zweite Kategorie neben den Nesseltieren sind die Rippenquallen. An Land geschwemmt glasklar, nuss- oder beerenförmig, leuchten sie nachts im Wasser entlang ihrer erhabenen acht Rippen mit dichten Flimmerhärchen wie Neonleuchten. Die einheimische Seestachelbeere, die auch in anderen Meeren kosmopolitisch vagabundiert, hat zwei Fangtentakel, die sie in Taschen einziehen kann. Ihr fehlen, wie allen Rippenquallen, die Nesselzellen. Sie verwendet stattdessen Klebstoff und hält ihre Gefangenen mit Greifzellen fest. Andere Formen kommen ganz ohne Tentakel aus. Sie verschlingen ihre Opfer mit einer enorm dehnbaren Mundöffnung. Die Mützenquallen leben kannibalisch und verputzen am liebsten ihresgleichen.

Von den Medusen unterscheiden sich die Rippenquallen auch durch die Art der Fortbewegung. Sie schwimmen nicht durch Rückstoß, sondern mittels ihrer Flimmerhärchen – immer mit dem Mund voran. Als Zwitter befruchten sie sich selbst. Aus den in ihrem Inneren befruchteten Eiern entstehen weder Larven noch Polypen, sondern gleich junge Rippenquallen. Eine der merkwürdigsten Rippenquallen ist der Venusgürtel, bis zu anderthalb Meter lang treibt er wie ein durchsichtiges Band in der Hochsee und schillert an den Rändern grüngolden. Während der schlängelnden

Schwimmbewegungen erscheint er durch Lichtbeugung kobaltblau. Unscheinbarere Vertreter der Art sind die platten Rippenquallen, die wegen ihrer Wurmähnlichkeit irrtümlich lange für ein Zwischenglied zwischen Hohltieren und Plattwürmern gehalten wurden.

Eine ganz eigene Art im Wunderland der Medusen haben die Staatsquallen (Siphonophoren) gegründet. Sie sind meist in den südlichen Meeren, aber auch im Eismeer und im Mittelmeer zu Hause. Was da majestätisch dahingleitet, ist kein einzelnes Lebewesen, sondern ein Organismus von Polypen und Medusen, die sich auf die unterschiedlichsten Funktionen, vom Treibkörper bis zu den 50 Meter langen Tentakeln, mit Schwimmmedusen, Wehr-, Fress- und Geschlechtspolypen, spezialisiert haben. Sie bewegen sich mit Schwimmglocken, regulierbaren Gasblasen und aufgestellten Segeln vorwärts. Die Schönheit der Portugiesischen Galeere *(Physalia)* mit ihrem klaren, silbrigen und roten Schwimmkörper und den bis zu 50 Meter langen, bläulichen und violetten Tentakeln ist so ausgefallen, dass sie das Werk eines verträumt abstrakten Künstlers sein könnte. Sie ernährt sich von Fischen und ist giftig.

Die Hohltiere sind entwicklungsgeschichtlich „Echte Vielzeller", rund 600 Millionen Jahre alt, aus denen sich auf der einen Seite die Wirbellosen, Weichtiere und Insekten abzweigten, auf der anderen Stachelhäuter und Wirbeltiere. Der griechische Gelehrte Aristoteles beobachtete und klassifizierte sie mit tiefer Bewunderung. Er mahnte schon vor 2000 Jahren: „Man darf ... keinen kindischen Widerwillen gegen die Untersuchung der niedriger stehenden Lebewesen hegen. Denn in allem, was die Natur hervorbringt, ist etwas Bewundernswertes." Auch der Zoologe Ernst Haeckel ließ sich faszinieren. Er zeichnete die Quallen für seine 1879 und 1880 erschienenen beiden Bände *Das System der Medusen* in liebevoll genauen Aquarellen. Die Beobachtungen am Mittelmeer halfen ihm über die Trauer um seine verstorbene Frau, Anna Sethe, hinweg, nach der er zwei von ihm beschriebene Arten benannte.

Das Interesse an den Tieren, die nun einmal in keinen Streichelzoo passen, ist eigentlich erst in den letzten zwei Jahrhunderten wieder erwacht. Um die Wende zum 20. Jahrhundert spürten ihnen Forscher dann mit großen Schiffsexpeditionen nach. Und nur langsam begann wachsende Kenntnis die Fabeln und Vermutungen zu verdrängen. Sensationsberichte von „Killerquallen“, die ahnungslose Badende überfallen und töten, taten zuvor in manchen Sommern ähnliche Dienste wie das Ungeheuer von Loch Ness. In unseren Breiten kommen jedoch tödliche Medusen nicht vor.

Wirklich lebensgefährlich für Menschen sind die australische Seewespe *(Chiron fleckeri)* und die philippinischen Killerquallen. Ihr Gift ist ein brisanter, noch weitgehend unerforschter Cocktail, der Nerven lähmt und Blutzellen zerstört. Gerhard Jarms nennt die Seewespe „absolut tödlich!“ Fischer gehen ihr weiträumig aus dem Weg. Sie gehört zu den „modernsten“ Formen der Quallen, den Würfelquallen. Die meisten der insgesamt 20 Arten leben in den Tropen und Subtropen. Sie sind mit ihren chemischen Keulen nicht nur hochgerüstet, sondern auch die Quallen mit den schnellsten Schwimmbewegungen. An jeder der vier Ecken ihres Schirmes entspringt ein Tentakel. Außerdem haben sie, noch eine Spezialität, freie Sicht unter Wasser. Würfelquallen blicken mit einem gut ausgebildeten Linsenauge mit Iris und Pupille, das auf Lichtveränderungen reagiert, in ihre bewegte Welt. Das Auge ähnelt in seinem Aufbau dem der Wirbeltiere. Der Meeresbiologe Thomas Heeger aus Kiel geht davon aus, dass sie – beunruhigende Vorstellung – ihre Nahrung nach gründlicher Betrachtung durch das Auge auswählen.

Auch in Nord- und Ostsee, im Mittelmeer und im Atlantik sind manche der schönen Schwimmer kräftig giftbewehrt. Zu ihnen gehören außer den Feuer- auch die Leuchtquallen und die Portugiesische Galeere. Sie verursachen heftigen, brennenden oder stechenden Schmerz, manchmal auch Übelkeit. Oft verstärkt ein zweiter Kontakt die allergischen Reaktionen. Auch an abgerissenen, an den Strand geschwemmten Teilen können die Nesselzellen noch reizen. Experten raten, statt zu duschen die betroffenen Hautstellen mit Sand oder Zucker vorsichtig zu bestreuen, um noch geschlossene Nesselkapseln auszutrocknen. Meist sind jedoch Schreck und Schmerz größer als die tatsächliche Wirkung. Jüngere Forschungen ergaben, dass dieselbe Art in unterschiedlichen Gewässern auch unterschiedlich giftig sein kann. Richtig in Verruf brachte der englische Kriminalschriftsteller Sir Arthur Conan Doyle die Tiere im 19. Jahrhundert. Er stilisierte die Gelbe Haarqualle, die vom Atlantik bis in die Nordsee gelangt und in England „Löwenmähne" heißt, zur perfekten Giftmörderin. Sherlock Holmes sucht vergeblich nach dem Täter, der einen Mann am Badestrand tötete. Auf die Spur bringen ihn schließlich die letzten Worte des Toten: „Des Löwen Mähne", und er erschlägt die Qualle mit einem Stein.

Die Nesseln können den Quallen aber auch anderweitig zum Verhängnis werden und damit anderen Tieren nützlich sein – zum Beispiel Strudelwürmern und Nacktkiemenschnecken. Sie fressen die Medusen einfach auf und bewaffnen sich nach der Mahlzeit selber mit deren Nesseln, um ihrerseits nicht gefressen zu werden. Sonst haben Quallen nur wenige Feinde. In Hungerzeiten kommen sie sehr lange ohne Nahrung aus. Sie reduzieren dann ihren Umfang.

Quallen können, trotz aller Gefräßig- und Giftigkeit, durchaus auch mit anderen Arten auskommen und Symbiosen schließen. Vor allem in den tropischen Meeren hausen in ihrem Inneren bunt leuchtende Einzeller. Und Medusen, deren Giftausstattung meist nach der Größe und Widerstandsfähigkeit ihrer Beutetiere bemessen ist, fressen Fische und Fischbrut nicht nur auf. Manchen bieten sie im Gegenteil Schutz unter ihrem Schirm. In der Nordsee behüten sie zum Beispiel Jungfische einiger Arten, die für die Fischerei von Bedeutung sind. Die Fischlein schwimmen munter unter den gefährlichen Fangarmen umher, weichen ihnen geschickt aus und werden auch nicht angegriffen. Immun sind sie allerdings nicht. Die Fischereiwirtschaft rechnet gegen diesen Nutzen allerdings eher den Schaden von Quallenschwärmen auf. Neuere Erkenntnisse zeigen, dass symbiotische Krebsarten nicht nur bei den Quallen unterschlüpfen, sondern ihren Partner im Austausch durch Richtungsangaben aus Gefahrenzonen navigieren.

Medusa verärgerte in der griechischen Sage die Kriegsgöttin Athene. Die Strafe war fürchterlich: Jeder, der der Medusa fortan in ihr schlangenumzüngeltes Antlitz blickte, musste vor Schreck zu Stein erstarren. Medusa ist eine der drei Schicksalsgöttinen, der Gorgonen. Das Medusenhaupt steht sprichwörtlich für Angst und Schrecken. Das mag für die Griechen so gewesen sein, in anderen Gegenden werden die weltlichen kleinen Namensschwestern der Medusa mit Freude gesehen und einfach auf die Speisenkarte der Menschen gesetzt. Sie sind ein delikater Bestandteil asiatischer Küche und werden auf japanischen Fischmärkten teuer gehandelt. In Streifen geschnitten, getrocknet und vor dem Kochen in Wasser wieder aufgeweicht, kommen sie auf den Tisch. Auch die besonders giftigen Arten entgehen diesem Schicksal nicht. Sie schmecken, wird glaubhaft versichert, je nach Sorte und Zubereitungsart, mild wie Innereien, fein austernähnlich, oder, in Fett ausgebacken, wie geröstete Schweinekrusten.

Kein Grund sich zu schütteln. Beim Essen liegen schließlich Faszination und Grauen oft genug dicht beieinander. Die schleimige Beschaffenheit der Tiere hat ihren Reiz. Das wissen Kinder, die die Götterspeise begeistert Wackelpudding nennen, ebenso wie die Freunde feiner französischer Austern, oder Feinschmecker, die rohe Seeigel ausschlürfen. Im englischen Sprachraum heißen die Quallen anschaulich und appetitlich Jellyfish. Jelly bedeutet dort außer Gallert auch Sülze oder Gelee. Im Mittelhochdeutschen meinte „der Qualle“, ohne jede Anzüglichkeit, noch so etwas wie ein „großer Kerl“.

Literatur

Adams, Douglas, Mark Carwardine: Die Letzten ihrer Art. Eine Reise zu den aussterbenden Tieren unserer Erde, Hamburg 1991

Brehm, Alfred: Brehms Tierleben, bearb. von Adolf Meyer, Hamburg/Zürich 1927

Dekkers, Midas: Geliebtes Tier, München/Wien 1994

Die Bibel, Lutherbibel Standardausgabe, Hrsg. Evangelische Kirche in Deutschland und Bund der Evangelischen Kirchen in der DDR, Stuttgart 1985

Dodwell, Christa, Jenseits von Sibirien, Frederking & Thaler, München 1994

Freud, Sigmund: Studienausgabe, Bd. 7, „Der Rattenmann“, Frankfurt am Main 1975

Gefiederte Welt, Nr. 117–118/93

Grimm, Jacob und Wilhelm: Deutsches Wörterbuch, Berlin/Leipzig 1960

Grzimek, Bernhard: Grzimeks Tierleben, Zürich 1970

Luther, Dieter: Die ausgestorbenen Vögel der Welt, Magdeburg 1995

Morris, Pat: Alles über Igel, Rüschlikon, Zürich 1984

Ornithologische Mitteilungen, Nr. 6/9

Renner, Franz: Spinnen – ungeheuer – sympathisch. Verlag Rainer Nitzsche, Kaiserslautern 1990

Sauer, Frieder und Jörg Wunderlich: Die schönsten Spinnen Europas, Fauna Verlag, Karlsfeld 1984

Stocker, Les: Das große Buch der Igel, Bergisch Gladbach 1989